Die Lehren der Essener

Über das Buch

Die Essener-Bruderschaft vom Toten Meer wußten ganz genau, wie sie die Kräfte der Natur und des Geistes, die sie als Engel bezeichneten, in sich aufnehmen und sich ihrer bewußt bleiben konnten. Sie verstanden es, diese Kräfte in ihre täglichen Handlungen einzubinden. Dieses Buch zeugt davon. Es vermittelt anschaulich die Kontemplations- und Meditationsübungen der Essener und führt sie in den Alltag vieler Menschen ein, die eine neue Perspektive und den lebendigen Glauben suchen. Das ist die wesentliche Botschaft der Essener.

Über den Autor

Dr. Edmond Bordeaux Székely promovierte als Philologe an der Universität von Paris und erhielt Auszeichnungen von den Universitäten in Wien und Leipzig. Er hatte eine Professur für Philosophie und Experimentelle Psychologie an der Universität von Klausenburg (Cluj), Siebenbürgen (Rumänien). Außer seinen gelehrten Kenntnissen des Sanskrit, Aramäisch, Griechischen und Latein sprach Dr. Székely zehn moderne Sprachen. Seine wichtigsten Übersetzung sind die ausgewählten Texte der Schriftrollen vom Toten Meer und die Evangelien der Essener. Insgesamt hat er über 70 Bücher über Philosophie, die Lehren der Essener und alte Kulturen geschrieben, die in vielen Ländern der Welt veröffentlicht wurden. Dr. Székely, den viele seiner Freunde liebevoll «Professor» nannten, ist 1979 gestorben.

Eine Auswahl von weiteren Veröffentlichungen des Autors finden Sie am Schluß des Buches.

Die Lehren der Essener

Essener Meditationen

Der Originaltext aus dem Aramäischen übersetzt von
Dr. Edmond Bordeaux Székely

MANDALA
MEDIA

Aus dem Englischen von
Bruno Martin und Susanne Schaup

Dieses Buch ist für alle,
die erkennen,
daß der Frieden des Ganzen
von der Anstrengung
des einzelnen abhängt.

Originaltitel: From Enoch to the Dead Sea Scrolls

Umschlaggestaltung: Charles Huguenin
Umschlagbild: Creative Company, Basthorst
Satz: Mandala Media, Rheinfelden
Herstellung: F. X. Stückle, Ettenheim
Printed in Germany
ISBN 3-906983-07-2
Mandala Media, Postfach 404, CH-4310 Rheinfelden

Inhalt

Und Enoch ging mit Gott;
und er war nicht;
denn Gott führte ihn.

Genesis, 5:24

Vorwort

Die einzelnen Kapitel dieses Buches sind aus Materialien zusammengestellt, die von den Entdeckungen der Schriftrollen am Toten Meer im Jahre 1947 stammen. In den vorausgegangenen zwanzig Jahren, von 1927 bis 1947, schrieb und veröffentlichte ich eine Anzahl von Büchern über die Essener-Gemeinschaft, die sich auf bestimmte historische Quellen stützen, wie jene der Arbeiten von Josephus Flavius, Philo und Plinius, und auf Manuskripte der Bibliotheken des Vatikans, der Habsburger in Wien und des Britischen Museums. In diesen Büchern forschte ich nach den Essener-Traditionen, die meines Erachtens von großem praktischen Wert für den Menschen von heute sind.

Als die ersten Entdeckungen bei Qumran bekannt wurden und viele Personen mich aufforderten, eine Interpretation dieser neuen Entdeckungen zu veröffentlichen, entschloß ich mich, dies in zwei Büchern zu tun. Die vorliegende Arbeit beschreibt die Bedeutung und den Wert der Lehren der Essener für die Menschen von heute; er enthält außerdem lebendige Übungen, die zu einer Erweiterung des Bewußtseins führen. Diese Werte können von vier Standpunkten aus betrachtet werden:

1. Die Lehren der Essener stellen eine Synthese der gro-

ßen Beiträge der Menschheit in den verschiedenen Kulturen des Altertums dar.

2. Sie sind für uns ein Weg, der uns wegführt von einseitiger, zweckorientierter Technologie der zeitgenössischen Zivilisation, eine wahrhaftige und praktische Lehre, die alle Quellen der Energie, der Harmonie und des Wissens von allem, was uns umgibt, nutzt.

3. Sie geben uns beständige Werte in einer Zeit, in der sich die Wahrheit durch sich ständig verändernde Konzepte aufzulösen scheint.

4. Der daraus folgenden Neurose und Unsicherheit begegnen die Essener-Lehren mit vollständigem Gleichgewicht und Harmonie. Es ist erwähnenswert, was A. Powell Davies über die Essener in seinem Buch *Die Bedeutung der Schriftrollen vom Toten Meer* sagt: «Die christliche Kirche in ihrer Organisation, in ihren Sakramenten, in ihren Lehren und Büchern bezieht sich – und war in ihren Anfängen vielleicht sogar identisch damit – auf die ‹neue Gemeinde›, die als Essener bekannt waren, von denen einige die Schriftrollen vom Toten Meer geschrieben haben.»

Ebenfalls bezeichnend für die Traditionen der Essener von Qumran ist die Anwesenheit bestimmter zarathustrischer Elemente, ein Umstand, den ich schon früher erwähnte und den Arnold Toynbee in seinen Schriften ebenfalls hervorgehoben hat. Sie enthalten eine ähnliche Beziehung zu späteren Lehren, wie jene der Kabbala oder der Freimaurer. Ihr einzigartiges Element, das offensichtlich unabhängig von anderen Lehren entwickelt wurde, ist die Wissenschaft von den Engeln.

Die Zitate, die jeweils den Kapiteln vorausgehen, sind aus zwei Schriftrollen vom Toten Meer, dem *Handbuch der Übungen* und den *Danksagepsalmen* oder dem *Buch der Hymnen*, die ich nach Photokopien der Originaltexte aus den Höhlen von Qumran übersetzt habe.

Edmond Bordeaux Székely
San Diego, Kalifornien, 1957

Das Gesetz ward gepflanzt
in den Garten der Bruderschaft,
um das Herz der Menschen zu erleuchten
und um ihnen klar zu zeigen
alle Wege der wahren Rechtschaffenheit,
den einfachen Geist, ein ausgeglichenes Gemüt,
ein ungezwungenes, hingebungsvolles Wesen,
und ewige Göttlichkeit, Verständnis und Einsicht,
und mächtiges Wissen, das in alle Werke Gottes vertraut,
und einen zuversichtlichen Glauben
an seine vielen Wohltaten,
und einen Geist des Wissens von allen Dingen
der großen Ordnung,
treue Gefühle gegenüber allen Kindern der Wahrheit,
eine strahlende Reinheit, die alles Unreine ablehnt,
eine Besonnenheit, die alle verborgenen Dinge
der Wahrheit betrachtet,
und auch die Geheimnisse des inneren Wissens.

Aus dem *Handbuch der Übungen*
der Schriftrollen vom Toten Meer

Kapitel 1

Die Essener und ihre Lehren

In den fernen Zeiten des Altertums gab es eine bemerkenswerte Lehre, die in ihrer Bedeutung umfassend und in ihrer Weisheit zeitlos ist. Bruchstücke davon wurden in sumerischen Hieroglyphen und auf Ziegeln und Steinen gefunden, von denen einige acht- bis zehntausend Jahre alt sind. Einige der Symbole, z.B. für Sonne, Mond, Luft, Wasser und für andere Naturkräfte stammen sogar aus noch früherer Zeit, noch vor der Sintflut, die die Pleistozän- Periode beendete. Wie viele Tausende von Jahren die Lehre schon vorher bestand, ist unbekannt.

Beim Studium und der Ausübung dieser Lehre wird im Herzen jedes Menschen ein intuitives Wissen wiedererweckt, das seine eigenen Probleme und die Probleme der Welt lösen kann. Spuren dieser Lehre tauchten in fast jedem Land und jeder Religion auf. Ihre grundlegenden Ideen wurden im alten Persien, Ägypten, Indien, Tibet, China, Palästina, Griechenland und vielen anderen Ländern gelehrt. Aber in ihrer reinsten Form wurde sie von den Essenern übermittelt, dieser geheimnisvollen Bruderschaft, die währen der letzten zwei oder drei Jahrhunderte vor Christus und während des ersten Jahrhunderts danach am Toten Meer in Palästina und am Mareotis-See in Ägypten lebte. In

Palästina und Syrien waren die Mitglieder der Bruderschaft als Essener und in Ägypten als Therapeutae oder Heiler bekannt.

Der esoterische oder innere Teil ihrer Lehre wird im Lebensbaum, den Kommunionen und dem siebenfältigen Frieden beschrieben. Die exoterische oder äußere Lehre erscheint im «Johannesevangelium der Essener», der «Genesis, eine Interpretation der Essener», «Moses, der Prophet des Gesetzes» und der «Bergpredigt».

Der Ursprung der Bruderschaft – so wird berichtet – ist unbekannt und die Herkunft des Namens ungewiß. Einige meinen, er kommt von Esnoch oder Enoch, und berufen sich auf ihn als den Gründer, dem die Kommunionen mit der Welt der Engel zuerst gegeben wurden.

Andere wiederum meinen, daß der Name von Esrael kommt, den Auserwählten des Volkes, denen Moses die Kommunionen auf dem Berg Sinai übermittelte, wo sie ihm durch die Welt der Engel offenbart wurden.

Aber wo auch immer ihre Herkunft liegen mag, so bleibt doch gewiß, daß die Essener für eine längere Zeit als Bruderschaft bestanden haben, vielleicht auch unter anderen Namen in anderen Ländern.

Die Lehre erscheint in der Zend Avesta von Zoroaster (Zarathustra), der sie in eine Lebensweise übertrug, die für Tausende von Jahren befolgt wurde. Sie enthält die grundsätzlichen Vorstellungen des Brahmanismus, der Veden und der Upanischaden. Und auch das indische Yoga-System entsprang der selben Quelle.

Buddha gab dann später im wesentlichen die gleichen Grundideen von sich, und sein heiliger Boddhi-Baum entspricht dem Lebensbaum der Essener. Und in Tibet fand die Lehre noch einmal Ausdruck im tibetanischen Lebensrad. Die Pythagoräer und Stoiker im alten Griechenland folgten ebenfalls den Grundsätzen der Essener und vielem in ihrer Lebensweise. Und die gleiche Lehre war ein Element der adonischen Kultur der Phönizier, der alexandrinischen Schule der Geisteswissenschaften in Ägypten, und hat auch bei vielen Arten der westlichen Kultur weitreichend mitgewirkt – bei den Freimaurern, den Gnostikern, den Kabbalisten und Christen. Jesus selbst gab eine Auslegung in höchster Feinheit und Schönheit in den sieben Seligpreisungen der Bergpredigt.

Die Essener lebten an den Küsten von Seen und Flüssen, entfernt von Städten und Dörfern, in Gemeinschaften, in denen alle gleichermaßen alles miteinander teilten. Sie betrieben Ackerbau und züchteten Bäume. Sie verfügten über ein umfangreiches Wissen über Getreide, Erde und Klima, und das ermöglichte ihnen den Anbau einer Vielfalt von Früchten und Gemüsen in vergleichsweise dürren Gebieten mit einem Mindestmaß an Aufwand.

Sie hatten keine Diener oder Sklaven und waren auch die ersten, wie berichtet wird, die Sklaverei in Theorie und Praxis verurteilten. Es gab keine Reichen und Armen unter ihnen, denn beides wurde von ihnen als Abweichung vom Gesetz angesehen. Sie gründeten ihre eigene Wirtschaftsordnung, die auf dem Gesetz aufbaute, und bewiesen damit, daß alle menschlichen Bedürfnisse nach Nahrung und materiellen Gütern durch die Kenntnisse des Gesetzes ohne Mühsal erworben werden können. Sie verbrachten viel Zeit mit dem Studium, sowohl der alten Schriften als auch in den speziellen Bereichen wie Erziehung, Heilkunde und Astronomie. Von ihnen wurde gesagt, sie seien die Erben der chaldäischen und persischen Astronomie und der ägyptischen Heilkunde. Sie waren Meister der Weissagung, auf die sie sich durch ausgedehntes Fasten vorbereiteten. In der Anwendung von Pflanzen und Kräutern zur Heilung von Mensch und Tier waren sie ebenfalls Experten.

Sie lebten ein einfaches, regelmäßiges Leben, erhoben sich jeden Tag vor Sonnenaufgang, um die Naturkräfte zu studieren und mit ihnen ihre Kommunion zu halten. Sie trugen weiße Gewänder und das tägliche Bad im kalten Wasser war ein Ritual für sie. Nach ihrer täglichen Arbeit auf den Feldern und in den Weinbergen nahmen sie schweigend ihr Mahl ein und begannen und beendeten es mit einem Gebet. Sie waren vollkommene Vegetarier und nahmen niemals fleischliche Nahrung oder vergorene Flüssigkeiten zu sich. Ihre Abende widmeten sie dem Studium und den Kommunionen mit den himmlischen Kräften.

Der Abend war der Anfang ihres Tages, und der Sabbath oder Feiertag begann am Freitagabend, dem ersten Tag ihrer Woche. Dieser Tag galt dem Studium, der

Diskussion, der Unterhaltung von Besuchern und dem Spiel bestimmter Musikinstrumente, von denen Nachbildungen gefunden wurden.

Durch ihre Lebensweise erreichten sie das hohe Alter von hundertzwanzig Jahren und mehr, und es heißt, daß sie über wunderbare Kräfte und Ausdauer verfügten. Und in allen ihren Handlungen kam ihre schöpferische Liebe zum Ausdruck.

Sie schickten Heiler und Lehrer aus ihrer Bruderschaft in die Lande. Unter ihnen waren Elias, Johannes der Täufer, Johannes der Geliebte und der große Essener-Meister Jesus.

Die Mitgliedschaft in der Bruderschaft konnte nur erreicht werden nach einer Probezeit von einem Jahr, drei weiteren Jahren Vorbereitungsarbeit und sieben weiteren Lehrjahren. Erst dann konnte die Unterweisung in die gesamte, esoterische Lehre erfolgen.

Berichte von der Lebensweise der Essener sind uns übermittelt in den Schriften ihrer Zeit von Plinius, dem römischen Naturforscher; Philo, dem alexandrinischen Geisteswissenschaftler; Josephus, dem jüdischen Geschichtsforscher und Soldat. Solanius und andere sprachen von den Essenern verschiedentlich als «eine eigene Rasse Mensch, bemerkenswerter als jede andere der Welt»; «die ältesten Eingeweihten der Welt, die ihre Lehren aus Zentralasien erhielten»; «unvergängliche Lehre seit einem unvorstellbaren Zeitraum»; «beständige und unveränderliche Heiligkeit.»

Einiges von der äußeren Lehre ist in aramäischen

Schriften im Vatikan zu Rom erhalten. Einige Texte im Slawischen wurden im Besitz der österreichischen Habsburger gefunden. Von ihnen wird gesagt, sie wurden von Asien im 13. Jahrhundert von Nestorianischen Priestern mitgebracht, die vor den Horden des Dschingis Khan flohen.

Nachahmungen dieser Lehre finden sich heute in vielen Formen, in Ritualen der Freimaurer, im siebenfachen Kerzenleuchter, im Gruß «Friede sei mit dir», wie er seit der Zeit Moses üblich war.

Aufgrund des Bestehens dieser Lehre über Jahrtausende wird offensichtlich, daß sie nicht die Vorstellung eines einzelnen oder nur eines Volkes gewesen sein konnte, sondern eine Auslegung des kosmischen Gesetzes durch die Nachfolge großer Meister ist, des Einen Gesetzes, so ewig und unveränderlich wie die Sterne auf ihrer Bahn, gleich wie vor zwei oder zehntausend Jahren und heute noch genauso anwendbar wie damals. Die Lehre erklärt das Gesetz und zeigt, wie seine Mißachtung Ursache für alle menschliche Not wurde, und zeigt schließlich den Weg, wie der Mensch aus seiner Zwangslage herausfinden kann.

Du hast mir offenbart
all die tiefen, geheimnisvollen Dinge.
Alle Dinge existieren durch Dich
und es gibt keinen anderen neben Dir.
Mit Deinem Gesetz führst Du mein Herz,
damit ich meine Schritte
auf die rechten Wege setze
und dort einhergehe,
wo Du gegenwärtig bist.

Aus dem *Handbuch der Übungen*
der Schriftrollen vom Toten Meer

Das Gesetz ward gepflanzt,
um die Kinder des Lichts zu beschenken
mit heilendem Frieden in Fülle,
mit langem Leben,
mit fruchtbarem Samen des ewigen Segens,
mit ewiger Freude
in der Unsterblichkeit des ewigen Lichtes.

Aus dem *Buch der Hymnen VII*
der Schriftrollen vom Toten Meer

Kapitel 2
Das Eine Gesetz

Die Lehren, die Moses auf dem Berg Sinai empfing, wurden fünfzehnhundert Jahre später von den Essener-Bruderschaften in Palästina und Ägypten praktiziert.

Seine Lehren zu verstehen heißt, den Nutzen und die Bedeutung der Essener-Übungen für den heutigen Menschen zu begreifen. Moses war der Überbringer des Gesetzes, des Einen Gesetzes. Er begründete den Monotheismus (Glaube an einen Gott), der nicht nur zur grundsätzlichen Lehre der Essener-Bruderschaften wurde, sondern auch für die gesamte westliche Zivilisation. Das größte kompetenteste Wissen, das wir über seine Lehre haben, kommt von diesen Bruderschaften.

Ihre Tradition teilt sein Leben in drei Zeitabschnitte ein, die die Erfahrungen im Leben eines jeden Menschen symbolisieren. Im ersten Zeitabschnitt von vierzig Jahren, in dem er als Prinz von Ägypten lebte, folgte er dem Weg der Tradition, sich alles verfügbare theoretische und praktische Wissen anzueignen. Er studierte die Rituale der Isis, des Amon-Ra und Osiris, die Lehre von Pta Hotep, das Ägyptische Totenbuch und die Traditionen, die aus dem Osten nach Ägypten kamen, dem kulturellen Zentrum der Welt zu dieser Zeit. Aber in all seinen Studien fand er keine innere Dynamik oder einheitlichen Grundsätze, die das Weltall und zugleich die Probleme des Lebens erklären konnten.

Im zweiten Zeitabschnitt seines Lebens verbrachte er vierzig Jahre in der Wüste. Er folgte dem Weg der Natur, erforschte das Buch der Natur, wie es andere große Weise und Propheten taten, einschließlich Jesus. Die großartige Weite der Wüste mit ihrer Einsamkeit und Stille hat große innere Wahrheiten hervorgebracht. In diesem Lebensabschnitt hat Moses das Eine Gesetz entdeckt, die Gesamtheit aller Gesetze. Er fand heraus, daß dieses Eine Gesetz alle Formen des Lebens bestimmt und auch das ganze Weltall. Für ihn war es das größte aller Wunder, zu erkennen, daß alles dem Einen Gesetz unterliegt. Dann erst kam ihm die Idee von der Gesamtheit aller Gesetze. Und diese Gesamtheit nannte er das Gesetz, das Eine Gesetz.

Zuerst beobachtete er, daß der Mensch in einem lebendigen, sich ständig verändernden Universum lebt; Pflanzen und Tiere wachsen und verschwinden wieder. Monde nehmen zu und ab. Einen Ruhepunkt in der Natur oder im Menschen gibt es nicht. Er sah, daß sich das Gesetz in dauerndem Wechsel verwirklichte und daß hinter der Veränderung das unendliche Ausmaß der kosmischen Ordnung steht.

Er begann zu begreifen, daß das Gesetz die größte und einzige Kraft im Weltall ist und daß alle anderen Gesetze und alle Dinge Teil dieses Einen Gesetzes sind. Und dieses ist ewig, unzerstörbar, es kann niemals vernichtet werden. Eine Pflanze, ein Baum, ein menschlicher Körper oder ein Sonnensystem, alle haben ihre eigenen Gesetze, mathematische, biologische, astronomische. Doch die eine höchste Kraft, das Eine Gesetz, steht hinter allem.

Dieses Gesetz regiert alles in diesem Universum und alle anderen Universen, alles Geschehen, die gesamte geistige und materielle Schöpfung. Es lenkt alles, was besteht, in der Materie, in Energien und Kräften, im Bewußtsein, alles Wissen, alle Gedanken, alle Gefühle, die ganze Wirklichkeit. Dieses Gesetz erschafft das Leben und den Gedanken.

Die Summe allen Lebens auf allen Planeten im Weltall nannten die Essener das kosmische Meer des Lebens. Und die Summe aller gegenwärtigen Gedanken im Weltall wurde kosmisches Gedankenmeer – oder kosmisches Bewußtsein, wie es heute bezeichnet wird – genannt.

Dieses kosmische Meer des Lebens und das kosmische Gedankenmeer bilden zusammen eine lebendige Einheit, und der Mensch ist ein davon unabtrennbarer Teil. Der Geist jedes einzelnen ist in dauernder innerer Beziehung zu dieser Einheit. Jedes menschliche Wesen ist ein einzelner Teil dieser Einheit. Die Einheit ist das Gesetz, das ewige Licht, von dem Moses gesprochen hat.

Und Moses sah, wie das Gesetz überall gebrochen wurde. Ägypten war entstanden, ohne das Gesetz zu beachten. Trotz der großen nationalen Macht von Heer und Politik gab es kein Gesetz der Gleichberechtigung.

Elend und Sklaverei herrschten überall; Reiche und Arme litten gleichermaßen durch Unterdrückung, Epidemien und Plagen. Moses erkannte, daß die Ursachen aller Übel in der Mißachtung des Gesetzes lagen, und daß Regierende wie Regierte gleichermaßen die Schuld daran trugen.

Für Moses wurde es offenkundig, daß alles, was aus Mißachtung des Gesetzes entsteht, sich selbst zerstört und mit der Zeit wieder verschwindet. Nur das Gesetz ist ewig.

Der dritte Zeitabschnitt von Moses' Leben, der Auszug aus Ägypten, begann, als er sich entschloß, den Rest seines Lebens der Verwirklichung und Anwendung des Gesetzes zu widmen und die Menschheit mit dem Gesetz in Einklang zu bringen. Er sah den Umfang der Aufgabe vor sich, den Versuch, sowohl die unwissende breite Masse als auch die hochmütigen Herrscher dahin zu bringen, das Gesetz anzunehmen und mit ihm in Harmonie zu leben. Unüberwindliche Hindernisse scheinen allen Weltreformern gegenüberzustehen, wenn reine Ideen auf die Gegenkräfte treffen, wie der Trägheit des menschlichen Bewußtseins und dem Widerstand versteinerter Herrschaft. Darin wird das Ringen des Lebendigen gegen das Starre sichtbar, der höheren Werte gegen Scheinwerte, der Freiheit gegen Sklaverei. Dieses Ringen ist nicht beschränkt auf eine bestimmte Zeit der Geschichte und auch nicht auf die Menschheit im allgemeinen, sondern ereignet sich immer wieder im Leben eines jeden Menschen.

Als Moses herausfand, daß er weder die ägyptischen Herrscher noch die breite Masse des Volkes ändern konnte, wandte er sich einer kleinen Minderheit zu, dem versklavten und unterdrückten Volke von Israel, in der Hoffnung, sie zu bekehren und so eine neue Nation zu gründen, die ganz auf dem Gesetz beruhte. Er ist der einzige in der gesamten Geschichte, der eine solche Nation begründete.

Moses sah das Weltall als eine gewaltige kosmische Ordnung, in der unauslöschbare Quellen von Energien, Wissen und Harmonie dem Menschen zur Verfügung standen. Er erinnerte sich stets der zwei Legenden seines Vorfahren Jakob, der mit einem Engel rang und ihn besiegte und später eine Vision von Engeln hatte, die eine Leiter, die Himmel und Erde miteinander verband, hinauf- und hinabstiegen. Diese Engel setzte er gleich mit den Kräften der Natur und der Macht des menschlichen Bewußtseins und sah, daß diese Kräfte und Energien das verbindende Glied zwischen Gott und dem Menschen waren. Er erkannte in Gott das große allumfassende Gesetz.

Und er kam zu dem Schluß, daß wenn der Mensch Gott erreichen will, er zuerst Meister all dieser Kräfte werden muß, die ja Offenbarungen Gottes und des Gesetzes sind. Er wollte sein Volk «gesetzesstark machen», und das ist die Bedeutung des Wortes Israel. Und er wollte eine Lebensform schaffen, die es ihnen ermöglichen würde, die Engel zu besiegen, so wie das der Vorfahre Jakob getan hatte. Das war die Grundlage der sogenannten Geheimwissenschaft, der Wissenschaft von den Engeln, später als Engelskunde bekannt.

Moses wollte seinen Anhängern begreiflich machen, daß sie jeden Augenblick und mit ihrem ganzen Wesen in ständigem Kontakt mit allen Kräften des Lebens sind, und auch mit dem sichtbaren und unsichtbaren Universum. Und wenn sie sich mit diesen Kräften bewußt in Verbindung setzen und beständig ihrer bewußt sind, werden sie sich vollkommener Gesundheit, Glück und Harmonie in Körper und Geist und jedem Bereich ihres Lebens erfreuen.

Der Weg, um diesen Kräften zu begegnen, war in die zwei Steintafeln eingraviert, die Moses vom Berg Sinai herunterbrachte, die er aber zerstörte, als er entdeckte, daß die Mehrheit seines Volkes nicht bereit war für die Lehre, so wie noch heute die Mehrheit der Menschheit dafür nicht bereit ist und weiterhin für viele kommende Generationen nicht bereit sein wird. Aber den Wenigen, die bereit waren, lehrte er den Weg, der ihm durch die Steintafeln übermittelt wurde, die Kommunionen mit den Engeln, wie sie durch Generationen hindurch in den Essener-Bruderschaften erhalten wurden und wie sie noch heute vom Menschen ausgeübt werden können.

Das war ein Teil der esoterischen Lehre von Moses, die in den Essener-Bruderschaften fünf Jahrhunderte lang vor der Zeit Christi gelebt wurde. In den späteren Traditionen der Essener wurde die abstrakte Idee des Gesetzes durch das Symbol eines Baumes ausgedrückt und Lebensbaum genannt. Moses hatte eine großartige Offenbarung erhalten, als er den brennenden Busch in der Wüste erblickte. Er stellte zwei wichtige Seiten des allumfassenden Lebens dar: Wärme und Licht. Die Wärme des Feuers symbolisierte das Lebensfeuer, die Lebenskraft in der stofflichen Welt. Das Licht symbolisierte das menschliche Bewußtsein und das Licht der Weisheit im immateriellen Universum – im Gegensatz zur Finsternis der Unwissenheit. Zusammen gesehen repräsentierten sie das gesamte Weltall und die Vorstellung, daß der Mensch im Mittelpunkt das Leben und die Lebenskraft von allen Kräften des Kosmos anzieht.

Die Essener symbolisierten ihre Lehre im Lebensbaum, der ihnen in klarer Form zeigte, wie der Mensch eine Einheit von Energien, Gedanken und Gefühlen ist, und eine Einheit von Lebenskräften, die dauernd mit der Gesamtheit aller Energien des Universums in Verbindung sind. Moses' Wunsch war, die Menschen in Harmonie mit den Gesetzen leben zu sehen, die alle diese inneren und äußeren Kräfte des Menschen bestimmten. Der Mensch sollte sich dieser Gesetze bewußt werden und sie zu jeder Zeit seines Lebens nutzen.

Durch die Erforschung der Ganzheit des Gesetzes erlangte Moses ein intuitives Wissen von der Herkunft der Welt und dem Anfang der Dinge. Und von diesem Anfang aller Dinge leitete er die Gesetze für das tägliche Leben ab. Er lernte, daß alle Dinge Teil des Ganzen sind und im Einklang mit dem Gesetz zusammenhängen. Die sieben Elemente oder Grundkräfte des Lebens waren auch in den sieben großen Zyklen der Schöpfung sichtbar, jeweils ein Element in jedem Zyklus. Er gruppierte die Tage der Woche in einen entsprechenden Abschnitt von sieben und berücksichtigte, daß jeder Tag in Beziehung zu einem jeweils anderen Element steht. Das wurde von den Essener-Traditionen durch die siebenarmigen Kerzenhalter symbolisiert, auf dem die Kerzen jeden siebten Tag, dem Sabbath, angezündet wurden, um die Menschen an die sieben Zyklen der sichtbaren Welt zu erinnern, und an die sieben Grundkräfte der unsichtbaren Welt des menschlichen Bewußtseins.

Die drei Zeitabschnitte vom Leben Moses', in denen er das Gesetz und seine Offenbarungen entdeckte, stellen die drei Phasen des Lebens dar, in die man fast jedes Menschenleben einteilen kann. Die erste Phase, Ägypten, wurde die Zeit der Gefangenschaft genannt, die Zeit der dunklen Unwissenheit, wenn der freie Fluß der Lebenskraft durch Unwissenheit und falsche Werte blockiert ist. Das Ägypten der Menschheit, seine Sklaverei, beruht hauptsächlich auf der Mißachtung des Gesetzes.

Der zweite Zeitabschnitt im Leben Moses' entspricht der Einsamkeit im Leben eines jeden Menschen, wenn seine Scheinwerte von ihm abfallen und er nur noch die vor ihm liegende Leere sieht. Vor allem in dieser Zeit braucht der Mensch innere Führung, damit er seinen Weg zum Licht zurückfindet, zum Gesetz.

Der dritte Zeitabschnitt, der Aufbruch, steht jedem

Menschen offen. Das Licht zeigt immer den Weg zu einem neuen Anfang. Das Ägypten des Menschen, seine Knechtschaft, ist niemals ewig. Der Aufbruch unter Moses dauerte vierzig Jahre, und doch war es nur der Anfang auf dem Weg zur unmittelbaren Erkenntnis, zu lernen, mit den Gesetzen des Lebens, der Natur und des Kosmos in Harmonie zu leben. Ein neuer Anfang für die Menschheit kann nur durch die zusätzlichen Bemühungen vieler Menschen über mehrere Generationen hinweg erreicht werden.

Aber dieser Neubeginn kann und wird vollbracht werden. Kanaan existiert immer, es ist kein mythisches Utopia, sondern eine lebendige Tatsache. Der Aufbruch, Exodus, ist der Weg, der nach Kanaan führt, der Weg, den Moses ging und der uns durch die Kommunionen der Essener übermittelt wurde.

Ich danke Dir, Himmlischer Vater,
denn Du hast mich gesetzt
an die Quelle sprudelnder Ströme,
an einen lebendigen Brunnen in einem Land der Dürre,
der den ewigen Garten der Wunder bewässert,
den Lebensbaum, den geheimnisvollen Ursprung,
der ständig neue Zweige treibt
für immerwährendes Sein,
um ihre Wurzeln einzutauchen
in den Lebensstrom der ewigen Quelle.
Und Du, o Himmlischer Vater,
beschütze ihre Früchte
mit den Engeln des Tages und der Nacht
und mit der Glut des ewigen Lichts,
das jeden Weg entflammt.

Aus den *Danksage-Psalmen*
der Schriftrollen vom Toten Meer, VIII 4-12.

Kapitel 3
Der Lebensbaum

Der Mensch schien zu erkennen, und alle noch existierenden Dokumente weisen darauf hin, daß er von unsichtbaren Kräften umgeben war. In aufeinanderfolgenden Kulturen der Vergangenheit hat er eine bestimmte Symbolik benutzt, um seine Beziehung zu diesen Kräften auszudrücken, in deren Mitte er sich bewegt. Dieses geheimnisvolle Symbol, das in fast allen Religionen und Geheimlehren verankert ist, wird als Lebensbaum bezeichnet. In Mythen und Weisheitslehren haben die tiefsten Erkenntnisse des Menschen dieses Symbol in den Mittelpunkt gerückt.

Von Zoroaster wurde der Lebensbaum als das Gesetz selbst angesehen und war auch der Mittelpunkt seiner Philosophie und seiner Denkweise. In den esoterischen Lehren Moses', der Schöpfungsgeschichte der Essener, war es der Baum der Erkenntnis im Garten Eden, der von den Engeln bewacht wurde. Die Essener nannten ihn den Lebensbaum. Den früheren Darstellungen des Baumes fügten die Essener hinzu, was die alten Schriftgelehrten «Engelkunde» nannten. Diese Wissenschaft von den Engeln war bei den Essenern in ihrer Bruderschaft in Palästina entwickelt worden. Ihre Engel waren die Kräfte des Universums.

Viele der alten Völker wußten, daß diese unsichtbaren Kräfte ein Quell von Energie und Macht waren und daß das Leben eines Menschen durch den Kontakt mit ihnen unterstützt wurde. Sie wußten, daß der Mensch seine eigene Entwicklung in Körper und Geist voranbringen konnte, wenn er dazu fähig war, diese Kräfte bis zu einem bestimmten Grade zu nutzen. Sein Leben konnte gedeihen, wenn er sich selbst in Harmonie mit ihnen brachte. Einige Leute wußten nicht nur von diesen Kräften, sondern hatten auch besondere Methoden, um mit ihnen in Berührung zu kommen und sie zu nutzen.

In vielen Ländern wurden diesen Kräften zwei Eigenschaften zugeschrieben, gute und schlechte, die ewig miteinander im Widerstreit lagen. Zoroaster beschreibt die Ahuras und Fravashis als die guten Kräfte, die für immer mit den bösen Kräften Khrafstras und Devas kämpften. Die Tolteken in Mexiko und Zentralamerika hatten ein Weltbild, bei dem die guten Kräfte, das Heer von Quetzalcoatl, die gefiederte Schlange, und die bösen Kräfte, das Heer von Tezcatlipoca, der Jaguar, waren. Diese beiden Heere wurden in Gemälden der Tolteken in ständigem Konflikt miteinander dargestellt. In den Vorstellungen Zoroasters und der Tolteken bekämpften die zerstörerischen Kräfte ständig die aufbauenden.

Die Vorstellung der Essener unterschied sich von diesen und anderen Weltanschauungen darin, daß sie nur die positiven und aufbauenden Kräfte im Weltall als wesentlich anerkannten.

Die Engel der Essener entsprechen den guten Kräften von Zoroaster, den Ahuras und Fravashis und den guten Kräften der Tolteken, dem Heer von Quetzalcoatl. Die guten, positiven Kräfte zu stärken, wurde als Aufgabe des Menschen im Universum angesehen, so daß die bösen, negativen Kräfte überwältigt und von Erden verschwinden würden.

Der Lebensbaum der Essener stellt vierzehn positive Kräfte dar, sieben von ihnen himmlische oder kosmische Kräfte und sieben irdische Kräfte. Der Baum wurde mit sieben Wurzeln abgebildet, die in die Erde wachsen, und sieben Zweigen, die sich zum Himmel erstrecken. So symbolisierte der Baum die Beziehung des Menschen zu beidem, zu Erde und Kosmos. Der Mensch wurde im Zentrum des Baumes dargestellt, in der Mitte zwischen Himmel und Erde.

Die Verwendung der Zahl sieben ist ein integraler Bestandteil der Essener-Tradition, der in den westlichen Kulturen in verschiedenen äußerlichen Formen übernommen wurde, wie z.B. die sieben Tage der Woche. Jede Wurzel und jeder Zweig des Baumes stellt eine andere Kraft oder Macht dar. Die sieben Wurzeln stellen die irdischen Kräfte oder Mächte dar, die Mutter Erde, den Engel des Bodens, den Engel des Lebens, den Engel der Freude, den Engel der Sonne, den Engel des Wassers und den Engel der Luft. Die sieben Zweige stellen die kosmischen Kräfte dar, den Himmelsvater und seine Engel des ewigen Lebens, der schöpferischen Arbeit, des Friedens, der Kraft, der Liebe und der Weisheit. Das waren die Engel der Essener der sichtbaren und unsichtbaren Welten.

In der alten hebräischen und mittelalterlichen Literatur wurden diesen himmlischen und irdischen Kräften oder Engeln Namen gegeben, Michael, Gabriel usw. Sie wurden in religiöser Art als menschliche Figuren dargestellt mit Flügeln und in wehende Gewänder gekleidet, so wie in den Fresken von Michelangelo.

Der Mensch wurde im Mittelpunkt des Baumes gesehen, wo er wie in einem magnetischen Feld von all den Kräften oder Engeln des Himmels und der Erde umgeben war. Er wurde im Meditationssitz dargestellt, die obere Hälfte seines Körpers über der Erde und die untere Hälfte in der Erde. Dies gab zu verstehen, daß ein Teil des Menschen mit den Kräften des Himmels und ein Teil mit den Kräften der Erde verbunden ist. Diese Vorstellung steht jener Zoroasters sehr nahe, der das Universum als ein Weltensystem darstellte, mit dem Menschen in seiner Mitte und den verschiedenen Kräften ober- und unterhalb von ihm. Sie entspricht auch den Ritualen der Tolteken, welche sie an den Stufen ihrer Pyramiden ausführten, mit dem Menschen inmitten aller Kräfte.

Diese Stellung des Menschen im Mittelpunkt des Baumes mit den irdischen Kräften unten und den himmlischen Kräften oberhalb, stimmt auch mit der Lage der Organe in seinem physischen Körper überein. Der Magen und die Zeugungsorgane in der unteren Hälfte des Körpers, als Werkzeuge zur Selbsterhaltung und Fortpflanzung, gehören zu den irdischen Kräften. Die Lungen und das Gehirn in der oberen Hälfte des Körpers sind die Werkzeuge des Atmens und Denkens und verbinden so den Menschen mit den feinstofflichen Kräften des Universums. Der Kontakt mit den Kräften der Engel, dargestellt durch den Baum des Lebens, war das Wesentliche im täglichen Leben der Essener. Sie wußten, welche bewußten Anstrengungen sie machen mußten, um mit ihnen in Berührung zu kommen, damit sie mit ihnen in Harmonie leben konnten. Die alten Schriftgelehrten sprechen von den Essenern als außergewöhnlich praktische Leute. Ihre Vorstellungen waren nicht nur Theorie; sie wußten ganz genau, wie sie dieser Kräfte ständig bewußt bleiben und sie in sich aufnehmen konnten, um sie in ihre täglichen Handlungen einzubinden.

Sie hatten die tiefe Weisheit, um zu verstehen, daß diese Kräfte die Quelle von Energie, Wissen und Harmonie waren, durch die der Mensch seinen Organismus in ein immer empfindsameres Werkzeug verwandeln konnte, um die Kräfte zu empfangen und bewußt zu nutzen. Darüber hinaus zogen sie in Betracht, daß des Menschen allerwichtigste Tätigkeit im Leben darin bestand, sich selbst in Einklang mit den Kräften des Himmelsvaters und der Erdenmutter zu bringen.

Die Besonderheiten und Eigenschaften jeder einzelnen Kraft war ihnen genauestens bekannt, auch die Bedeutung, die sie für das Leben des einzelnen Menschen hatten und wie sie zu nutzen waren.

Sie verstanden auch die Beziehungen der Kräfte untereinander. So erkannten sie, daß jede himmlische Kraft einer irdischen entspricht und jede irdische Kraft einer himmlischen. Diese sich entsprechenden himmlischen und irdischen Kräfte waren auf dem Lebensbaum der Essener diagonal gegenüber gestellt, jeweils eine oberhalb und eine unterhalb des Menschen. Jede so gezogene Verbindungslinie zwischen zwei entsprechenden Kräften durchquerte daher direkt den Menschen im Mittelpunkt des Baumes.

Die Kräfte, die sich jeweils ober- und unterhalb entsprechen, sind die folgenden:

Der Himmelsvater und die Mutter Erde;
der Engel des ewigen Lebens
und der Engel des Bodens;
der Engel der schöpferischen Arbeit
und der Engel des Lebens;
der Engel des Friedens und der Engel der Freude;
der Engel der Kraft und der Engel der Sonne;
der Engel der Liebe und der Engel des Wassers;
der Engel der Weisheit und der Engel der Luft.

Diese Wechselbeziehungen zeigten den Essenern, daß ein Mensch zugleich in Berührung mit einer bestimmten himmlischen Macht kommt, wenn er mit einer irdischen Kraft Kontakt aufnimmt. Das erlaubte ihnen zu verstehen, warum es so wichtig ist, in vollkommener Harmonie mit jeder einzelnen Kraft und zugleich allen Kräften und Engeln zu leben, und zwar sowohl in den sichtbaren Welten als auch in den unsichtbaren.

Der symbolische Lebensbaum verdeutlichte dem Menschen, wie untrennbar er mit allen Kräften verbunden war, den kosmischen und den irdischen, und er zeigte ihm seine Beziehung zu jeder einzelnen Kraft.

Ich bin Dir dankbar, o Himmlischer Vater,
denn Du hast mich zu ewigem Lichte erleuchtet
und ich darf wandeln durch die Wunder der Ebene.
Du gabst mir Führung,
um Deine ewige Gemeinschaft zu erlangen
aus den Tiefen der Erde.

Du hast meinen Körper gereinigt,
um zum Heer der Engel der Erde zu gelangen,
und meinem Geist geholfen,
die Gemeinde der himmlischen Engel zu erreichen.
Du gabst dem Menschen die Ewigkeit,
um Deine Werke und Wunder in fröhlichem Gesang
zur Morgen- und Abenddämmerung zu preisen.

Aus den *Danksage-Psalmen*
der Schriftrollen vom Toten Meer
VI (iii 19–36)

Kapitel 4

Die Kommunionen

I – Ihre Absicht und Bedeutung

Der symbolische Lebensbaum ermöglichte den Essenern zu erkennen, wie sie von den Kräften oder Engeln umgeben waren, der sichtbaren Welt der Natur und der unsichtbaren, kosmischen Welt. Die Kommunionen zeigen, wie jede dieser Kräfte für den menschlichen Körper und sein Bewußtsein genutzt werden kann.

Von den Kommunionen wird gesagt, sie seien entstanden durch Esnoch oder Enoch und wiederhervorgebracht von Moses, als er vom Berg Sinai mit zwei Steintafeln zu Esrael, den Auserwählten des Volkes, herunterkam. Das zweite Paar Tafeln, die er herunterbrachte, enthielt die zehn Gebote, die äußere Lehre, die er dem Rest des Volkes Israel gab. Aber die kleine Minderheit Esrael oder Essener hielten ihre Kommunionen von dieser Zeit an morgens und abends zu den irdischen und himmlischen Kräften und gaben ihrem Leben Ordnung und Rhythmus entsprechend den Eingebungen, die sie von ihnen erhielten.

Die Kommunionen haben drei unmittelbare Ziele:

Das erste Ziel besteht darin, den Menschen der verschiedenen Kräfte und Formen von Energien, die ihn umgeben und von der Natur und dem Kosmos ständig zu ihm fließen, bewußt zu machen.

Das zweite Ziel ist, ihn der Organe und Zentren seines Wesens, die den Fluß dieser Energien aufnehmen können, bewußt zu machen.

Das dritte Ziel ist, eine Verbindung zwischen den Organen und Zentren und ihren entsprechenden Kräften herzustellen, um jeden Energiefluß aufzunehmen, zu lenken und zu nutzen.

Die Essener wußten, daß jeder Mensch über verschiedene körperliche Ordnungen verfügt, mit denen er die verschiedenen Energien aus der Nahrung, der Luft, dem Wasser, den Sonnenstrahlen und so weiter aufnehmen kann; und sie wußten auch, daß jeder einzelne diese Kräfte durch seine eigenen bewußten Bemühungen selbst lenken und nutzen muß und daß kein anderer das für ihn tun kann.

Die Kommunionen wurden jeden Morgen und Abend durchgeführt. An jedem Tag der Woche wurde über eine andere irdische Kraft am Morgen beim Aufstehen und eine andere himmlische Kraft am Abend vor dem Einschlafen meditiert. Das sind insgesamt vierzehn Kommunionen während der sieben Wochentage.

Bei jeder Kommunion haben sich die Essener auf die entsprechende Kraft konzentriert, sie kontempliert und meditiert, so daß ihre Macht in jeder erforderlichen Stärke aufgenommen und bewußt genutzt werden konnte.

Es folgt nun eine Erläuterung dessen, was bei jeder Kommunion beabsichtigt wurde:

Die Morgenkommunionen

Die Mutter Erde – Samstagmorgen

Die Absicht dieser Kommunion bestand darin, die Einheit zwischen dem körperlichen Organismus des Menschen und den ernährenden Kräften der Erde herzustellen.

Das wurde erreicht durch Kontemplation der verschiedenen Nahrungsbestandteile und in der Erkenntnis, daß der Körper aus den verschiedenen Elementen der Erde gebildet wird und durch diese Elemente über das Leben der Pflanzen ernährt wird. Dies lehrt die Bedeutung und Wichtigkeit der natürlichen Nahrungsmittel der Erde, die von der Mutter Erde im Einklang mit den Gesetzen, die das irdische Leben bestimmen, bereitgestellt werden. Dadurch lernt der Mensch die hervorragende Rolle der natürlichen Ernährung für seine Gesundheit und Lebenskraft kennen und wird sich des Stoffwechselablaufs in ihm bewußt. Er lernt darüber hinaus, wie er die mächtigen Energien in seinem Körper erhalten kann. So entwickelt er stufenweise die Fähigkeit, all die Nährstoffe, die er ißt, und auch die darin enthaltenen Energien aufzunehmen. So ist er fähig, mehr Nährwert aus einer gegebenen Menge Nahrung herauszuziehen.

Die Kommunion war eines der hauptsächlichen Werkzeuge, durch die sich die Essener eine so bemerkenswerte körperliche Gesundheit erhalten konnten.

Der Engel des Bodens – Sonntagmorgen

Der Engel des Bodens, ein Engel der Mutter Erde, war die Macht der Zeugung und Erneuerung. Eine bedeutende Vorstellung der Essener, ähnlich der Zoroasters, war das Bestreben, immer mehr Leben in Fülle zu erzeugen. Die Absicht dieser Kommunion lag darin, die erschaffenden Kräfte des Lebens in die Erneuerung des menschlichen Körpers zu übertragen. Sie stellten sich diese Kraft im Menschen als dieselben natürlichen Kräfte vor wie die zeugenden Kräfte der Natur in der obersten Erdschicht, die das pflanzliche Leben auf der Erde erschaffen.

Diese Kommunion bezieht sich deshalb auch auf die Erdoberfläche, wo die Dinge keimen, und auf die Kraft der Fruchtbarkeit und der Geschlechtsdrüsen und -organe. Sie lehrte die Bedeutung der lebenserzeugenden Kraft der Erde und der erneuernden Kräfte der Sexualorgane im Drüsensystem. Sie machte dem Menschen die lebenserneuernden Kräfte seiner Umwelt bewußt und dadurch empfänglicher, diese starke Kraft in Anspruch zu nehmen, sie zu beherrschen, zu lenken und zu nutzen.

Die außerordentliche Fähigkeit der Essener, sich selbst zu regenerieren, beruhte vor allem darin, wie sie durch die Ausübung dieser Kommunion sexuelle Energien umwandeln konnten.

Engel des Lebens – Montagmorgen

Diese Kommunion war dem Leben gewidmet, der Gesundheit und der Lebenskraft des Organismus des

Menschen und des ganzen Planeten und führte so zu einer lebendigen Einheit zwischen ihnen. Sie lehrte dem Menschen die Bedeutung der Lebenskraft für sein Wohlbefinden und machte ihm all die unzähligen Wirkungen der Lebenskraft in seiner Umgebung bewußt; so befähigte ihn diese Kommunion die Lebenskraft an jeden Teil seines Körpers in der gewünschten Stärke zu lenken.

Sie gab den Essenern ihre bewundernswerte Fähigkeit, Lebenskraft zu schöpfen, besonders aus Bäumen und Wäldern.

Der Engel der Freude – Dienstagmorgen

Alle Ausdrucksformen der Schönheit wurden in dieser Kommunion betrachtet, um dem Menschen die Schönheit der Natur und die Freude daran in jedem Teil seines Selbst bewußt zu machen.

Diese Fähigkeit, Freude aus der Schönheit der Natur zu schöpfen, aus dem Sonnenaufgang, dem Sonnenuntergang, den Bergen, Blumen, Farben, Gerüchen und anderem, war eines der Mittel, womit die Essener die innere Harmonie und heitere Ruhe erlangten, die ihre Mitmenschen so sehr beeindruckten.

Der Engel der Sonne – Mittwochmorgen

Die Essener meditierten über die Sonne als eine große Lebenskraft in der irdischen Natur, eine immer gegenwärtige Energiequelle, ohne die es kein Leben auf der Erde, im Wasser und in der Luft gäbe. Sie meditierten über die Wirkung der Sonnenstrahlen, die ja nicht auf der Oberfläche des Körpers enden, sondern in den Organismus eindringen an dem Punkt, wo das Sonnengeflecht liegt, indem sie den Körper und das Nervensystem in den Strahlen der Sonne badeten. Und dieser Punkt ist auch das älteste Zentrum im menschlichen Organismus.

Die Absicht dieser Kommunion lag darin, die Sonnenenergien aufnehmen zu können, und so eine vollkommene Einheit zwischen dem Selbst und der Sonne herzustellen und ihre Kraft auf den ganzen Körper zu verteilen.

Durch die Anwendung dieser Methode der Essener wurden häufig gewisse außergewöhnliche Fälle geheilt in einer Weise, wie sie den frühen Geschichtsschreibern übernatürlich erschien.

Der Engel des Wassers – Donnerstagmorgen

Die Essener sahen den Kreislauf des Wassers in der Natur im Zusammenhang mit dem Blutkreislauf im Körper. Sie wußten, daß alle Organismen, genauso wie ihre Nahrung, überwiegend aus Wasser bestand, das auch für das Leben der Erde so wichtig ist. Die Vollkommenheit des Organismus hängt von der Qualität des Blutes ab, auf die gleiche Weise, wie die Vollkommenheit der materiellen Umwelt von der verfügbaren Wasserqualität abhängt.

In dieser Kommunion wurden alle Formen des Wassers betrachtet, die Flüsse, Bäche, der Regen, der

Saft in den Bäumen und Pflanzen usw. um als lebendige Wirklichkeit die Einheit zwischen den Flüssigkeiten des Körpers und den Gewässern des Planeten aufzubauen, wodurch die Fähigkeit erworben wurde, willentlich den Blutstrom in jeden Körperteil zu lenken oder ihn abzuziehen.

Diese Kraft befähigte die Essener, viele Krankheiten zu heilen, bei denen sonst nur lange und mühevolle Behandlungen halfen. Dies war eine der Ursachen für die vollständige Selbstkontrolle der Essener und ihre unglaubliche Widerstandskraft gegen Schmerzen.

Der Engel der Luft – Freitagmorgen

Die Absicht dieser Kommunion bestand darin, dem Menschen die dynamische Einheit zwischen Luft und Leben bewußt zu machen; denn die Atmung ist das Bindeglied zwischen Organismus und Kosmos. Da, wo es Leben gibt, ist Atem, und das Verschwinden des einen bedingt auch das Ende des anderen. Die Atmosphäre umgibt die Natur, die Luft fließt im Körper, und so spielen beide eine erstaunliche Rolle für die Gesundheit und Lebenskraft.

Diese Kommunion wurde durch gewisse tiefe, rhythmische Atemübungen ergänzt. Sie ermöglichten den Essenern, besondere Energien aus der Atmosphäre zu absorbieren und so eine Wechselbeziehung zwischen dem Selbst und dem Universum herzustellen.

Diese Kommunionen mit der Mutter Erde und ihren Engeln waren die Quelle, aus der die Essener ihre besondere Lebensweise ableiteten – ihre Ernährung, die Kaltwasserwaschungen, die Sonnenbäder und das Atmen usw., so wie es von ihren Zeitgenossen Josephus, Philo und Plinius mit großer Bewunderung beschrieben wurde.

Die Abendkommunionen

So wie die sieben Morgen der Woche den Kräften der sichtbaren Welt gewidmet waren, so waren die sieben Abende den Kräften der unsichtbaren Reiche, den Engeln des Himmlischen Vaters gewidmet.

Der Himmlische Vater – Freitagabend
Diese Kommunion mit dem Himmelsvater, dem Schöpfer des Lichts, dem Ahura Mazda Zoroasters, war die zentrale Kommunion bei den Essenern. Sie war der Gesamtheit aller kosmischen Gesetze und der Erkenntnis gewidmet, daß das Weltall ein Prozeß dauernder Schöpfung ist, in dem der Mensch die Rolle hat, die Arbeit des Schöpfers auf der Erde fortzusetzen.

Die Absicht dieser Kommunion soll den Menschen lehren, wie wichtig die Vereinigung mit dem ewigen und ungebundenen kosmischen Meer für die höheren Schwingungen aller Planeten ist. Sie soll ihn für alle diese Kräfte empfänglich machen, so daß er kosmisches Bewußtsein erlangen kann und sich auf diese Weise mit den kosmischen Strömungen verbindet. Dadurch kann er die schöpferischen Fähigkeiten in sich zum Höchsten entwickeln und die schöpferische Quelle in seinem Leben und seiner Umgebung nutzen.

Die Essener wußten, daß der Mensch nur auf diese Weise sein letztes Ziel erreichen kann, die Vereinigung mit dem Himmlischen Vater, das letztliche Streben aller Essener und der tiefere Sinn, der ihre Handlungen, Gefühle und Gedanken regierte.

Der Engel des Ewigen Lebens – Samstagabend

Die Essener nahmen an, daß der Zweck des Weltalls nur im ewigen Leben liegen konnte, in der Unsterblichkeit; dies kann vom Menschen erlangt werden, wenn er fortschreitend die Voraussetzungen dafür schafft, daß seine eigene Entwicklung eine ständig höhere Stufe erklimmen kann. Sie waren überzeugt davon, daß es für diesen Fortschritt keine Grenzen gebe, da der Kosmos eine unerschöpfliche Quelle von Energien ist, die dem Menschen zur Verfügung stehen, wenn er seine Wahrnehmungsorgane und -zentren vervollkommnet.

Durch diese Kommunion kann der Mensch ein intuitives Wissen über die Ewigkeit des Lebens im Universum erwecken und seine eigene Einheit mit diesem ewigen Leben und der ganzen kosmischen Ordnung verwirklichen. Durch sie erlernt er die Bedeutung, die Schwerkraft der irdischen Gedankenströmungen zu überwinden und sich der Aktivität höherer Schwingungen und ihrer Rolle für die Entwicklung des einzelnen und der Planeten bewußt zu werden.

Die Überwindung dieser Schwerkraft und Aufnahme und Verwendung der höheren Schwingungen dieses und aller anderen Planeten war die höchste mystische Errungenschaft der Essener.

Der Engel der schöpferischen Arbeit – Sonntagabend
Diese Kommunion war all den großartigen Dingen gewidmet, die durch menschliche Arbeit geschaffen wurden, die großen Meisterwerke der Literatur, Kunst, Wissenschaft, Geisteswissenschaft – und alles, was der Mensch über die Natur hinaus entwickelt hatte, die großen Werke, die von den vorausgegangenen Generationen hervorgebracht und von den heutigen geerbt wurden.

Die Bestimmung dieser Kommunion lag darin, die Bedeutung schöpferischer Arbeit und ihre überragende Rolle in der Entwicklung des einzelnen zu lehren. Sie beabsichtigte auch, ihm die Aufnahme der Energien und Kräfte aus den schöpferischen Werken der Menschheit, allen Meisterwerken, zu ermöglichen und diese Kräfte in allen Ausdrucksformen seines Bewußtseins zu nutzen.

In den Essener-Bruderschaften führte jeder irgendeine schöpferische Arbeit aus, ob nun für die eigene Vervollkommnung, für die Bruderschaft oder die Menschheit. Für die Essener war die schöpferische Arbeit der beste Ausdruck der Liebe.

Der Engel des Friedens – Montagabend
Die Kommunion mit dem Engel des Friedens war dem

tiefen inneren Erkennen des Friedens im Menschen und mit dem ganzen Universum gewidmet. In der Vorstellung der Essener ist Friede einer der höchsten erreichbaren Werte für den Menschen, und solange er die wahre Bedeutung dessen nicht erkennt, kann er nicht spirituell sein, und ohne Spiritualität kann sein Leben keine Bedeutung haben. So lag des Menschen unmittelbarste Aufgabe darin, Friede in sich und mit allem Leben zu schließen, und in der Erkenntnis, daß die Friedensarbeit zuerst in ihm selbst anfängt.

Die Essener nutzten alle Quellen des Friedens im Universum und ließen sie in die Welt fließen. Der allumfassende Gruß «Friede sei mit Dir» ist ein Ausdruck davon.

Der Engel der Kraft – Dienstagabend

Die Essener hielten das ganze Weltall für ein kosmisches Meer des Lebens, in dem die Strömungen kosmischer Kräfte ununterbrochen alle Formen des Lebens auf allen Planeten vereinigen und ihn mit allen anderen Lebewesen verbinden.

Die Kommunion machte diese kosmischen Kräfte bewußt, die ihn umgeben und in ihm sind. Indem er ihr Wirken wahrnimmt, kann er sie durch sein Nervensystem aufnehmen und sie in jedem Bereich seines Lebens nutzen. Die Essener waren in bemerkenswertem Maße dazu fähig, diese Strömungen aufzunehmen und entsprechend zu verwerten.

Der Engel der Liebe – Mittwochabend

Liebe war für die Essener das höchste schöpferische Gefühl, und für sie gab es ein kosmisches Meer der Liebe, das überall alle Formen des Lebens vereinte. Leben selbst war für sie ein Ausdruck der Liebe.

Der Zweck dieser Kommunion besteht darin, den Menschen die Wichtigkeit und Bedeutung dieser höheren Gefühlströmungen in sich selbst und im Universum zu lehren. Sie will ihn dieser Strömungen bewußt und aufnahmefähig machen, als einer mächtigen Energiequelle und Kraft, die er konzentrieren und in alle Ausdrucksformen seines Bewußtseins lenken kann.

In der Vorstellung der Essener verletzte der einzelne sich selbst, wenn er irgendeine Form des Lebens außerhalb von sich selbst verletzte, denn zwischen allen Lebewesen besteht eine lebendige Verbindung im kosmischen Ozean der Liebe. Die Essener selbst waren fähig, starke Liebesgefühle allen Menschen gegenüber auszudrücken, nahe und fern, und zu allen Lebewesen auf Erden und im unendlichen Weltall auszustrahlen.

Diese Liebe, die sie fühlten, war der Kern ihres Zusammenlebens in Bruder-Gemeinschaften; das veranlaßte sie, all ihren Nahrungsüberschuß an Bedürftige zu verteilen und hinauszugehen, die Unwissenden zu lehren und die Kranken zu heilen. Sie drückten ihre Liebe in Taten aus.

Diese Fähigkeit, höhere Gefühlsschwingungen anzuziehen und weiterzugeben, war eine ihrer großen mystischen Errungenschaften.

Denken wurde von den Essenern sowohl für eine kosmische als auch für eine Gehirnfunktion gehalten. Sie nahmen an, daß ein kosmisches Gedankenmeer das gesamte Weltall durchdringt, das alle Gedanken enthält. Und dieses war die mächtigste aller kosmischen Energien, unzerstörbar und unvergänglich.

Indem sich der Mensch auf alle im Weltall fließenden Gedanken und auf die Gedanken der großen Denker der Vergangenheit durch die Kommunionen mit dem Engel der Weisheit einstimmt, entwickelt er seine Fähigkeit, machtvolle harmonische Gedankenströmungen zu schaffen und intuitives Wissen und Weisheit zu erlangen.

Mit der Durchführung dieser Kommunion erlangten die Essener ihre große Fähigkeit, machtvolle Gedankenströmungen zu senden und zu empfangen.

Diese Kommunionen mit dem Engel der Weisheit vollendet die vierzehn Kommunionen der Essener. Die Morgenkommunionen gelten der Lebenskraft des Körpers. Ihre sich steigernde Wirkung liegt in der langsam zunehmenden Stärkung und Wiederbelebung jedes Körperorgans durch die bewußte Beherrschung und Bestimmung der irdischen Kräfte.

Die sieben Abendkommunionen sind den spirituellen Kräften gewidmet, die des Menschen höhere Entwicklung bestimmen. Ihre sich steigernde Wirkung liegt in der Wiederbelebung des Geistes und all der höheren Kräfte, die im einzelnen verborgen liegen. Sie ermöglichen ihm, alle höheren Meere der Liebe, des Lebens und der Gedanken zu empfangen, sich mit ihnen einzustimmen und so stufenweise alle höheren Fähigkeiten seines Wesens zu entwickeln.

Jede dieser vierzehn Kommunionen stellt ein gewisses Gleichgewicht zwischen dem ausführenden Menschen und dem Engel oder der Kraft her, mit der die Kommunion gehalten wird.

Die Mittagskontemplationen

Eine dritte Gruppe von Übungen wurde mittags an jedem Tag der Woche abgehalten. Dies waren Betrachtungen, Anrufungen des Himmlischen Vaters, daß er seinen Engel des Friedens sende, um die verschiedenen Bereiche des menschlichen Lebens zu harmonisieren. Der Friede war den Essenern so wichtig, daß sie eine besondere Lehre dafür hatten, die sie den siebenfältigen Frieden nannten.

Die Ausübung der vierzehn Kommunionen vermittelt eine innere Erfahrung und Erweiterung des Bewußtseins, und das ermöglicht dem einzelnen, bewußt die unsichtbaren Kräfte der Natur und des Kosmos aufzunehmen. Der siebenfältige Frieden zeigt die praktische Anwendung dieses erweiterten Bewußtseins im täglichen Leben des einzelnen in seiner Beziehung zu den verschiedenen Lebensbereichen.

Diese Friedensbetrachtungen wurden in der folgenden Ordnung geübt:

Samstagmittag – Friede mit dem Himmelsvater
Sonntagmittag – Friede mit der Mutter Erde
Montagmittag – Friede mit der Kultur
Dienstagmittag – Friede mit der Menschheit
Mittwochmittag – Friede mit der Familie
Donnerstagmittag – Friede mit dem Geist
Freitagmittag – Friede mit dem Körper.

Eine Erläuterung dieser sieben Bereiche im menschlichen Leben erfolgt im anschließenden Kapitel.

Jeden siebten Tag, den Sabbat, widmeten die Essener einer der Seiten des Friedens, und außer den Betrachtungen des einzelnen wurden noch Zusammenkünfte der Gemeinschaft abgehalten. Bei diesen Zusammenkünften ging es darum, sich auf die praktische gemeinschaftliche Anwendung des jeweiligen Friedens zu besinnen, auf den man sich an diesem Sabbat konzentrierte.

Der große Sabbat

Jeder siebte Sabbat wurde der große Sabbat genannt. Er war dem Frieden mit dem Himmlischen Vater gewidmet. Dies war der allesdurchdringende Friede, der alle anderen Seiten des Friedens beinhaltete. So wurde jedem Abschnitt des menschlichen Lebens Beachtung gegeben, einem nach dem anderen.

Das war die Struktur der Kommunionen mit den kosmischen und natürlichen Kräften und die Betrachtungen mit den verschiedenen Seiten des Friedens zeigte den Essenern, wo sie ihre Kräfte in die Wirklichkeit ihres eigenen Lebens übertragen konnten. Vergleichbares finden wir in keinem anderen Weltbild. Es birgt in sich die Weisheit von achttausend Jahren. Es ist nicht nur einfach eine äußerliche Form oder ein Ritual; es ist eine lebendige, unmittelbar erkennbare Erfahrung. Dies kann die Einheit der Menschheit bewirken.

Die Essener praktizierten diese Kommunionen und Betrachtungen vor mehr als zweitausend Jahren – doch sie sind so zeitlos, daß wir sie ebenso heutzutage praktizieren können.

Ich werde Deine Worte preisen
mit Gesängen des Dankes
unaufhörlich,
in jeder Periode des Tagesablaufs
und an festen Zeiten.
Mit dem Erscheinen des Lichts
aus seiner Quelle
und zur Abenddämmerung
und dem Erlöschen des Lichtes,
mit dem Ausgang der Dunkelheit
und dem Hereinbrechen des Tages.
Beständig, zu allen Zeiten,
in allen Generationen.

Aus den *Danksage-Psalmen*
der Schriftrollen vom Toten Meer
XVII (xii 4–12)

Kapitel 5

Die Kommunionen

II – Ihre praktische Ausübung

Bruchstückhafte Berichte über alte Traditionen zeigen, daß der Mensch über lange Zeiträume hinweg langsam in seinem Wesen einen bestimmten Empfangsapparat hatte, mit dessen Hilfe er fähig wurde, die Kräfte, die in ihm und außerhalb von ihm fließen, aufzunehmen und sie bewußt als Quelle von Energie, Harmonie und Wissen nutzbar zu machen.

Die Essener sahen die Entwicklung dieser Wahrnehmungszentren als wesentlichen Teil der Entwicklung des einzelnen an. Sie hielten die planmäßige und tägliche Übung einer richtigen Methode für erforderlich, um sich zu entwickeln.

Der erste Teil ihrer Kommunionen lehrte den Sinn und die Absicht von jeder der vierzehn irdischen und kosmischen Kräfte. Der zweite Teil bestand in der eigentlichen Übung oder Technik, durch die dieser ‹Apparat› entwickelt werden konnte.

Durch diese Übung können die feineren Zentren des Körpers geöffnet werden, und der Zugang wird frei zur allumfassenden Schatzkammer kosmischer Kräfte. Die Absicht dieser Übung lag darin, die Organe des leiblichen Körpers mit allen heilenden Strömungen der Erde und des Kosmos in Harmonie zu bringen, so daß sie für die Entwicklung des einzelnen und des Planeten genutzt werden können.

Viele früheren Völker hatten eine ähnliche Technik. Die Sumerer, die Perser zur Zeit Zoroasters und die Hindus in ihren Yoga-Systemen, von denen nur neun die ursprünglich vierzehn überdauerten. Alle diese Techniken waren zum gleichen Zweck gedacht.

Die Technik, die die Essener durch mündliche Überlieferung von einer Generation zur anderen über Tausende von Jahren weiterreichten, wurde dem Neophyten (dem Neugetauften) in ihrer Bruderschaft nur nach Vollendung einer Probezeit von sieben Jahren erst vollständig übermittelt. Dann mußte er den großen siebenfältigen Eid leisten, die Kommunionen niemandem ohne Erlaubnis zu offenbaren und das dadurch erlangte Wissen und die Macht nie für materielle oder selbstsüchtige Zwecke zu benutzen.

Einleitung zu den Kommunionen

Bevor sie die eigentlichen Worte einer Kommunion sprachen, wiederholten die Essener feierlich und ehrfurchtsvoll die folgende Einleitung:

«Ich betrete den ewigen und unendlichen Garten
mit Ehrfurcht vor dem Himmlischen Vater,
der Mutter Erde und den großen Meistern, voll
Ehrfurcht vor der heiligen reinen und rettenden Lehre,
voll Ehrfurcht zur Bruderschaft der Auserwählten.»

Dann gedachte er ehrfurchtsvoll des Engels oder der Kraft, der er sich zuwenden wollte, indem er ihre Bedeutung und ihren Sinn in seinem eigenen Leben und Körper betrachtete, so wie es im ersten Teil der Kommunionen gelehrt wird.

Und dieser Einleitung folgend sprach er dann die eigentlichen Worte der Kommunion.

Die Morgenkommunionen

Samstagmorgen

Um sich der Mutter Erde am Samstagmorgen zuzuwenden, spricht er:

«Die Mutter Erde und ich sind eins.

Sie gibt die Nahrung des Lebens meinem ganzen Körper.»

Und wenn er die Worte gesprochen hat, dann besinnt er sich auf die eßbaren Früchte, Körner und Pflanzen und fühlt die Strömungen der Mutter Erde, wie sie ihn durchfließen und seinen Stoffwechselprozeß verstärken und ausrichten.

Sonntagmorgen

Am Sonntagmorgen kommuniziert er mit dem Engel des Bodens und spricht:

«Engel des Erdbodens, sende Deine Kraft in meine Geschlechtsorgane und belebe meinen ganzen Körper neu.»

Indem er so spricht, besinnt er sich auf die lebenserzeugende Erde und das wachsende Gras und fühlt die Strömungen des Engels des Bodens, wie sie seine sexuelle Energie in wiederbelebende Kräfte verwandeln.

Montagmorgen

Am Montagmorgen wendet er sich dem Engel des Lebens mit folgenden Worten zu:

«Engel des Lebens, ströme in meine Glieder
und gib Kraft meinem ganzen Körper.»

Nun besinnt er sich auf Bäume, während er spürt, wie er die Lebenskräfte von Bäumen und Wäldern in sich aufnimmt.

Dienstagmorgen

Die Worte für die Dienstagmorgen-Kommunion mit dem Engel der Freude sind:

«Engel der Freude, komme herab auf die Erde
und bringe Schönheit allen Geschöpfen.»

Sodann fühlt er, wie er die Schwingungen der Freude von der Schönheit der Natur in sich aufnimmt, während er sich auf die Farben des Sonnenaufgangs, des Sonnenuntergangs, den Gesang eines Vogels oder den Duft einer Blume besinnt.

Mittwochmorgen

Die Mittwochmorgen-Kommunion mit dem Engel der Sonne beginnt mit folgenden Worten:

«Engel der Sonne, ströme in mein Sonnenzentrum
und gib das Feuer des Lebens meinem ganzen Körper.»

Sobald diese Worte gesprochen sind, besinnt er sich auf

die aufgehende Sonne und fühlt und leitet die angesammelten Sonnenkräfte, die in sein Sonnenzentrum im Sonnengeflecht (Solar Plexus) strahlen, an alle Stellen seines Körpers.

Donnerstagmorgen

Die Donnerstagmorgen-Kommunion mit dem Engel des Wassers wird mit den Worten geführt:

«Engel des Wassers, geh ein in mein Blut
und gib das Wasser des Lebens meinem ganzen Körper.»

Indem er so spricht, besinnt er sich auf die Gewässer der Erde, im Regen, Fluß, See, Meer oder irgendwo, und die Strömungen des Engels des Wassers werden wahrnehmbar, indem sie den Blutkreislauf verstärken und lenken.

Freitagmorgen

Zur Kommunion am Freitagmorgen mit dem Engel der Luft spicht der Essener:

«Engel der Luft, geh ein in meine Lungen
und gib die Luft des Lebens meinem ganzen Körper.»

Der Ausführende besinnt sich auf die Atmosphäre, wenn er diese Worte spricht, und atmet rhythmisch ein und aus.

Es folgen die Worte der Abendkommunionen mit dem Himmelsvater und seinen Engeln.

Freitagabend
Die Freitagabend-Kommunion mit dem Himmelsvater beginnt mit den Worten:

«Der Himmlische Vater und ich sind eins.»

Diese Kommunion schafft mit der Zeit eine Verbindung mit dem ewigen und unbegrenzten kosmischen Meer aller höheren Ausstrahlungen von allen Planeten, sobald das kosmische Bewußtsein erwacht, und der einzelne schließlich mit der Höchsten Kraft vereint ist.

Samstagabend
Die Samstagabend-Kommunion mit dem Engel des ewigen Lebens erklärt:

«Engel des ewigen Lebens, sinke in mich herab
und gib meinem Geist das ewige Leben.»

Wenn diese Worte gesprochen sind, besinnt sich der einzelne auf die Vereinigung mit den Gedankenströmen höherer Planeten und gewinnt so die Kraft, um den Einflußbereich der Schwerkraft irdischer Gedankenströme zu überwinden.

Sonntagabend
Am Sonntagabend gibt die Kommunion mit dem Engel der schöpferischen Arbeit diese Anleitung:

«Engel der schöpferischen Arbeit, befruchte
die Menschheit und gib allen Menschen in Fülle.»

Die Kontemplation richtet sich auf die Arbeit der Bienen und auf die schöpferische Arbeit der Menschheit in allen existierenden Lebensbereichen.

Montagabend

Die Kommunion am Montagabend mit dem Engel des Friedens wird mit diesen Worten durchgeführt:

«Friede, Friede, Friede,
Engel des Friedens, sei immer überall.»

Der einzelne besinnt sich nun auf den zunehmenden Mond und das Mondlicht, indem er den allumfassenden Frieden in allen Bereichen seines Daseins anruft und visualisiert.

Dienstagabend

Die Kommunion am Dienstagabend mit dem Engel der Kraft besagt:

«Engel der Kraft, gehe ein in meinen Körper
und leite alle meine Taten.»

Indem er sich auf die Sterne besinnt, ihre Strahlen und auf das kosmische Meer des Lebens, fühlt der einzelne Mensch die kosmischen Kräfte der Sterne von dem Nervensystem seines Bewegungskörpers aufgenommen.

Mittwochabend

Die Kommunion am Mittwochabend richtet sich an den Engel der Liebe. Diese Worte werden gesprochen:

«Engel der Liebe, ströme in meinen Gefühlskörper und reinige alle meine Gefühle.»

Während dies gesagt wird, schickt der Gefühlskörper höhere Gefühlsströme zu allen Geschöpfen der Erde und all jenen im kosmischen Meer der Liebe und zieht sie gleichzeitig an.

Donnerstagabend

Der Donnerstagabend ist dem Engel der Weisheit gewidmet, der wie folgt angesprochen wird:

«Engel der Weisheit, geh ein in meinen Gedankenkörper und erleuchte meine Gedanken.»

Der Gedankenkörper sendet dann höhere Gedankenströme aus und zieht sie auch an, während der einzelne sich auf alle Gedanken der Erde und der im kosmischen Meer besinnt.

Dieses sind die traditionellen Worte der Kommunionen mit der Erdenmutter und dem Himmelsvater und ihren Engeln. Die zunehmende Wirkung der regelmäßigen wöchentlichen Wiederholung jeder dieser Kommunionen ermöglichte dem Essener früher oder später, entsprechend seiner Aufnahmefähigkeit, seiner Ausdauer und Stufe seiner Entwicklung, diese Energieströme in allen Ausdrucksformen seines Bewußtseins zu nutzen und sie für seine eigene höhere Evolution und die Evolution der Menschheit und des Planeten einzusetzen.

Die Mittagsbetrachtungen

Die Mittagsbetrachtungen waren jeden Tag einem anderen der sieben Bereiche des Friedens gewidmet und an den Himmlischen Vater gerichtet, mit der Bitte, den Engel des Friedens allen zu senden und außerdem jeweils einen bestimmten Engel, um jede Seite des siebenfältigen Friedens zu stärken. Dies sind die Worte:

Samstagmittag
(Friede mit dem Reich des Himmlischen Vaters)
«Vater unser, der Du bist im Himmel,
sende allen Deinen Engel des Friedens;
und Deinem Reich, Himmlischer Vater,
Deinen Engel des Ewigen Lebens.»

Sonntagmittag
(Friede mit dem Reich der Mutter Erde)
«Vater unser, der Du bist im Himmel,
sende allen Deinen Engel des Friedens;
und dem Reich der Mutter Erde
den Engel der Freude.»

Montagmittag
(Friede mit der Kultur)
«Vater unser, der Du bist im Himmel,
sende allenDeinen Engel des Friedens;
und unserem Wissen
den Engel der Weisheit.»

Dienstagmittag
(Friede mit der Menschheit)
«Vater unser, der Du bist im Himmel,
sende allen Deinen Engel des Friedens;
und der Menschheit
den Engel der Arbeit.»

Mittwochmittag
(Friede mit der Familie)
«Vater unser, der Du bist im Himmel,
sende allen Deinen Engel der Friedens;
unserer Familie und Freunden
den Engel der Liebe.»

Donnerstagmittag
(Friede mit dem Geist)
«Vater unser, der Du bist im Himmel,
sende allen Deinen Engel des Friedens;
und unserem Geiste
den Engel der Kraft.»

Freitagmittag
(Friede mit dem Körper)
«Vater unser, der Du bist im Himmel,
sende allen Deinen Engel des Friedens;
und unserem Körper
den Engel des Lebens.»

	Morgenkommunionen		
		Kontemplation	Kraft
Samstag	Erden-mutter	Nahrung	Ernährung
Sonntag	Engel des Bodens	Humus, Wachstum	Sexual-organe
Montag	Engel des Lebens	Bäume	Vitalität, Lebenskraft
Dienstag	Engel der Freude	Schönheit	Harmonie
Mittwoch	Engel der Sonne	Sonnen-aufgang	Feuer des Lebens
Donnerstag	Engel des Wassers	Blut, Flüsse etc.	Kreislauf
Freitag	Engel der Luft	Atem	Energie der Atmosphäre

Die Kommunionen
mit den Kräften der sichtbaren Reiche

	Mittagsbetrachtungen
	Friede mit
Samstag	dem Reich des Himmelsvaters
Sonntag	dem Reich der Erdenmutter
Montag	der Kultur
Dienstag	der Menschheit (sozialer Friede)
Mittwoch	der Familie (Gefühlskörper)
Donnerstag	dem Geist (Mentalkörper)
Freitag	dem Körper (physischer Körper)

Die Mittagskontemplationen für den Frieden

	Abendkommunionen		
		Kontemplation	Kraft
Samstag	Engel des ewigen Lebens	Höchste Planeten	Überwindung der Schwerkraft
Sonntag	Engel der kreativen Arbeit	Bienen	Schöpferische Arbeit des Menschen
Montag	Engel des Friedens	zunehmender Mond	innerer Frieden
Dienstag	Engel der Kraft	Sterne, höhere Handlungen	Nervensystem, kosmisches Meer des Lebens
Mittwoch	Engel der Liebe	höchste Gefühle	Emotionen, kosm. Ozean der Liebe
Donnerstag	Engel der Weiseit	höchste Gedanken	Gedankenkörper
Freitag	Himmlischer Vater	kosmische Strömungen	Vereinigung mit dem kosm. Ozean

Die Kommunionen mit den Kräften der unsichtbaren Reiche

FREITAGABEND
Der Himmlische Vater
und ich sind EINS

DONNERSTAGABEND
Engel der Weisheit,
geh ein in meinen
Gedankenkörper und
erleuchte all meine
Gedanken.
HÖHERE GEDANKEN

SAMSTAGABEND
Engel des ewigen Lebens,
geh in mich und gib
meinem Geist das
ewige Leben.
SCHWERKRAFT
Höhere Planeten

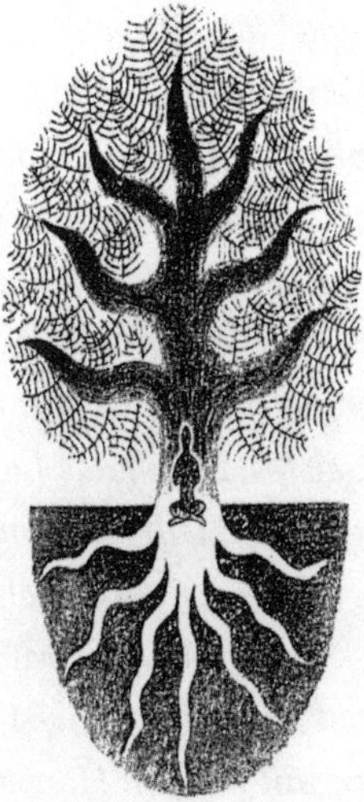

MITTWOCHABEND
Engel der Liebe,
geh ein in meinen
Gefühlskörper und
reinige alle meine
Gefühle.
HÖHERE GEFÜHLE

SONNTAGABEND
Engel der schöpferischen
Arbeit, geh ein in die
Menschheit und gib allen
Menschen in Fülle.
BIENEN
Schöpferische Arbeit

DIENSTAGABEND
Engel der Kraft,
geh ein in meinen
handelnden Körper und
leite alle meine Taten.
STERNE
Kosmische Lebenskräfte

MONTAGABEND
Friede, Friede, Friede,
Engel des Friedens, sei
immer überall.
MOND
Innerer Frieden

DIENSTAGMORGEN
Engel der Freude,
komm herab auf die Erde
und bringe Schönheit
allen Geschöpfen.
HARMONIE

MITTWOCHMORGEN
Engel der Sonne, gehe ein
in mein Sonnenzentrum
und bring die Lebensfeuer
meinem ganzen Körper.
SONNENSTRAHLEN

MONTAGMORGEN
Engel des Lebens, komme
in meine Glieder und gib
meinem ganzen Körper
Stärke.
BÄUME
Vitalität

DONNERSTAGMORGEN
Engel des Wassers, geh ein in
mein Blut und gib das Wasser
des Lebens meinem ganzen
Körper.
FLÜSSE, SEEN, GEWÄSSER
Kreislauf

SONNTAGMORGEN
Engel der Erde, ströme in
meine Sexualorgane und
regeneriere meinen ganzen
Körper.
HUMUS
Wachstum

SAMSTAGMORGEN
Die Mutter Erde und ich
sind EINS. Sie gibt die
Nahrung des Lebens
meinem ganzen Körper.
ERNÄHRUNG

FREITAGMORGEN
Engel der Luft, geh ein in
meine Lungen und gib die
Luft des Lebens meinem
ganzen Körper.
ENERGIEN DER
ATMOSPHÄRE
Atem

Der Lebensbaum der Essener
mit den Morgen- und Abendkommunionen

Doch Glaube ist ein Führer über die klaffenden Schluchten
und die Ausdauer ein fester Stand im schartigen Fels.
Jenseits der eisigen Gipfel des Ringens
liegt der unendliche Garten der Weisheit
in Frieden und Schönheit, wo der Sinn des Gesetzes
den Kindern des Lichts bekannt gemacht wird.
Hier im Mittelpunkt seiner Wälder steht der Baum
des Lebens, Geheimnis aller Geheimnisse.
Wer Frieden gefunden hat in den Lehren der Alten,
durch das Licht des Geistes, durch das Licht der Natur
und durch das Studium des Heiligen Wortes,
hat die wolkenerfüllte Halle der Alten betreten,
wo die heilige Bruderschaft wohnt, von der niemand sprechen darf.
Erkenne diesen Frieden mit deinem Geist,
ersehne diesen Frieden mit deinem Herzen,
vollziehe diesen Frieden mit deinem Körper.
Möge er dich mit allem Guten segnen,
möge er dich von allem Übel befreien
und dein Herz mit dem Wissen des Lebens erleuchten
und dich mit ewiger Weisheit beschenken.
Und möge Er dir seinen siebenfältigen Segen geben
in ewigem Frieden.

Aus dem *Handbuch der Disziplinen*
der Schriftrollen vom Toten Meer

Kapitel 6
Der siebenfältige Frieden

Der siebenfältige Frieden der Essener war die Zusammenfassung ihrer inneren Lehre. Ihr Lebensbaum und die Kommunionen lehrten den Menschen seine Beziehung zu den vierzehn Kräften der sichtbaren und unsichtbaren Welten. Der siebenfältige Friede erklärt seine Beziehung zu den Teilen seines Wesens und zum Mitmenschen und zeigt ihm, wie er Frieden und Harmonie in den sieben Bereichen seines Lebens schaffen kann. Mit Harmonie meinten die Essener den Frieden.

Sie waren der Ansicht, daß das menschliche Leben in sieben Bereiche aufgeteilt werden kann: physisch, geistig, emotional, sozial, kulturell, seine Beziehung zur Natur und zum gesamten Kosmos.

Vom Menschen nahm man an, daß er drei Körper habe, die jeweils in diesen Bereichen wirken, den physischen Körper, den Gefühlskörper und den Gedankenkörper. Die höchste Kraft des Gedankenkörpers ist Weisheit, die höchste Kraft des Gefühlskörpers ist Liebe. Die Aufgabe des physischen Körpers ist es, die Weisheit des Gedankenkörpers und die Liebe des Gefühlskörpers in den sozialen und kulturellen Lebensbereichen des einzelnen in die Tat umzusetzen und in der Nutzbarmachung der irdischen und himmlischen Kräfte.

Der siebenfältige Friede erklärt die Anwendung dieser Kräfte und Energien in vollkommener Klarheit. Jeden Mittag wurde eine Friedensbetrachtung gehalten mit jeweils einem Aspekt des Friedens; und jeder Sabbath war gemeinsam einem dieser Aspekte gewidmet, und der gesamte Kreislauf umfaßte auf diese Weise alle Abschnitte des menschlichen Lebens, der in einem Zeitraum von sieben Wochen vollendet wurde.

I – Friede mit dem Körper

Das Wort, das die Essener in Aramäisch und Hebräisch für den physischen Körper gebrauchten, stellte die Körperfunktion dar: handeln, bewegen.

Diese klare Definition unterschied sich stark von den Vorstellungen anderer Kulturen. Die Griechen zum Beispiel verehrten den Körper wegen seiner ästhetischen Eigenschaften, seiner Proportionen und seiner Schönheit, und eine tiefere Bedeutung war ihnen nicht bewußt. Die Römer betrachteten den Körper lediglich als Werkzeug der Stärke und Kraft, um Nationen zu erobern, um den römischen Adler in entfernte Länder zu pflanzen. Die mittelalterlichen Christen verachteten den Körper und sahen in ihm die Quelle allen menschlichen Leidens, ein Hindernis zwischen Mensch und Gott.

Die Essener jedoch hatten ein viel tieferes Verständnis. Sie wußten, daß in dem physischen Körper alle Gesetze des Lebens und des Kosmos durch die Entwicklung in Hunderten und Tausenden von Jahren

Gestalt gefunden haben. In ihm galt es, den Schlüssel zum ganzen Universum zu finden.

Sie studierten ihn in Beziehung zur gesamten Rolle des Menschen im Weltall, und ihre Vorstellung von dieser Rolle war umfassender als irgendeine andere, die jemals entwickelt wurde. So sahen sie drei Aufgaben für den Menschen:

1. seine individuelle Entwicklung;
2. seine Funktion für den Planeten, auf dem er lebt;
3. seinen Sinn als Teil des Kosmos. Die Aufgabe des physischen Körpers ist es, zu allen drei Rollen seinen Teil beizutragen. Er ist ein göttliches Werk, erschaffen vom Gesetz zum Zweck des Schöpfers, in keiner Weise minderwertiger als irgendein anderes Werkzeug des Menschen oder etwas anderes im Universum. Der physische Körper wartet darauf, daß seine irdischen und spirituellen Energien bewußt eingesetzt werden.

Die Essener wußten, daß der Mensch kein isoliertes und auch nicht das einzige Wesen im Weltall ist, sondern eines unter vielen auf Erden und auf anderen Planeten, von denen alle einen handelnden Körper haben, der sich genauso wie beim Menschen entwickelt. Alle diese aktiven Körper stehen deshalb miteinander in Verbindung und beeinflussen sich gegenseitig. Die Gesundheit und Lebenskraft jedes einzelnen Körpers ist darum von höchster Bedeutung sowohl für den Menschen selbst als auch für die anderen Wesen auf Erden und den anderen Planeten.

Die täglichen Übungen der Essener waren aus dieser

dynamischen, allseitigen Vorstellung vom physischen Körper als einem integralen Teil des ganzen Weltalls abgeleitet, und das Resultat zeigte sich in ihrer außergewöhnlichen Gesundheit und Lebenskraft.

Jene, die ihrer Bruderschaft beitraten, wurden darin geübt, den physischen Körper in allen drei Funktionen zu vervollkommnen, und man lehrte sie, diesen Körper dem ständig wechselnden Kräftefeld, in dem er lebte und sich bewegte, anzupassen.

Ihnen wurde gezeigt, welche Wirkungen die unterschiedlichsten Nahrungsmittel und die verschiedensten Naturkräfte der Erde, Sonne, Luft und Wasser auf den Organismus haben. Ihnen wurden bestimmte Rituale zur Übung auferlegt, die diese Kräfte nutzten, wie zum Beispiel die täglichen Kaltwasserwaschungen am Morgen und das tägliche Sonnenbad. Durch praktische Erfahrungen lernten sie die belebende Kraft der Arbeit in Feld-, Obst- und Gemüsegärten kennen.

Den Essenern wurde auch gelehrt, wie Krankheit durch Mißachtung des Gesetzes entsteht und wie diese Krankheiten zu heilen waren, die durch die Mißachtung des Gesetzes entstanden waren. Sie lernten den Wert und die heilenden Kräfte verschiedener Kräuter und Pflanzen kennen, die Heilung mit Hilfe der Luft und des Wassers sowie die richtige Diät für jedes Leiden. Sie wurden in richtigem Atmen geschult und in die Macht eingeweiht, die die Gedanken über unseren physischen Körper haben. Sie erlernten den materiellen und spirituellen Wert der Mäßigung in allen Dingen, und daß das

Fasten ein Mittel ist, den Körper zu regenerieren und den Willen zu stärken, um die spirituelle Kraft zu vermehren.

Diese Übungen gaben dem physischen Körper Frieden und Harmonie. Aber übertriebene Bedeutung wurde ihm nie beigemessen. Die Beachtung und Sorgfalt galt allein dem Zweck, ihn in guter Gesundheit als Werkzeug benutzen zu können, um Taten der Weisheit und Liebe für die Mitmenschen durchzuführen. In dieser Weise nahm der physische Körper an der Entwicklung des einzelnen, des Planeten und des ganzen Weltalls teil und ermöglichte jedem so, Mitschöpfer an der Seite Gottes und des Gesetzes zu werden.

Dies war der erste Friede, wie er von den Essenern ausgeübt wurde, der Friede mit dem Körper.

II – Friede mit dem Geist

Der Kern der Lehre vom siebenfältigen Frieden konzentrierte sich auf den Frieden mit dem Geist. In der Terminologie der Essener wurde er als der Schöpfer des Gedankens beschrieben.

Die Essener achteten das Denken als eine höhere Kraft, stärker noch als die Kraft des Fühlens oder Handelns, denn die Gedankenkraft ist der Auslöser von beidem.

Die Gesamtheit aller Gedanken des einzelnen wurde als sein Gedankenkörper bezeichnet. Und die Gesamtheit aller Gedanken in all den Hunderten von Millionen mentaler Körper auf der Erdoberfläche formt den irdischen Gedankenkörper. Und die Gesamtheit aller höheren Gedanken im Weltall formt den kosmischen Gedankenkörper bzw. das kosmische Gedankenmeer.

Ebenso wie der physische Körper hat auch der Gedankenkörper drei Funktionen: eine individuelle, eine irdische und eine kosmische.

Seine besondere Aufgabe liegt darin, die Kraft der Gedanken zu nutzen, um die Gefühlsströme im Gefühlskörper eines jeden Menschen zu führen und zu lenken, genauso wie die Handlungen seines physischen Körpers. Der Gedankenkörper ist dazu fähig, denn er durchdringt den fühlenden und handelnden Körper durch und durch.

Die irdische Aufgabe liegt darin, dem planetarischen Gedankenkörper edle und geistige Gedanken zuzuführen. Die Gedanken eines einzelnen bilden ein Kraftfeld um ihn herum, vergleichbar mit dem Magnetfeld um einen magnetischen Pol. In diesem Kraftfeld sind die Gedanken des Individuums dauernd aktiv und werden ständig ausgesendet. Ebenso empfängt es die Gedankenströme vom planetarischen Gedankenkörper, da es ein Teil von diesem ist. So lebt, bewegt sich, denkt, fühlt und handelt jeder in dieser ihn umgebenden planetarischen Gedankenatmosphäre, an der er beständig mitwirkt. Und er ist verantwortlich für die Gedanken, die er beiträgt, für alle Gedanken, die er aussendet.

Die dritte Aufgabe des Gedankenkörpers, seine kosmische Funktion, ist nicht ohne weiteres zu erfüllen. Das kosmische Gedankenmeer, von dem die planetarische Gedankenatmosphäre um unsere Erde herum nur ein unendlich kleiner Teil ist, besteht aus allen Gedanken im Weltall und ist so hoch entwickelt, daß es von irdischen Kräften befreit ist, die es an ihren jeweiligen Planeten binden möchten. Und nur diese höchsten Gedankenströme, die sich von der planetarischen Schwerkraft ihrer Atmosphäre befreit haben, können sich mit dem unendlichen kosmischen Gedankenmeer vereinen.

Dieses kosmische Gedankenmeer stellt die Vollkommenheit des Gesetzes dar, seine Allmacht und Allgegenwart. Dieses Gesetz hat immer bestanden und wird immer bestehen. Es ist älter als irgendeiner der bestehenden Planeten im Sonnensystem, sogar noch älter als das jetzt existierende Sonnensystem, oder das galaktische oder ultragalaktische System. Ewig und unendlich führt es alle Schritte der kosmischen und planetarischen Entwicklung im unendlichen kosmischen Meer des Lebens.

Die kosmische Aufgabe des Gedankenkörpers des einzelnen liegt darin, Gedanken von so hohem Wert zu schaffen, daß sie sich mit diesem kosmischen Gedankenmeer verbinden können. Die Essener hielten den Gedankenkörper für das höchste Gut, das der Mensch vom Schöpfer bekommen hat. Denn dieses, und nur dieses, gibt ihm die Fähigkeit, sich des Gesetzes bewußt zu werden, es zu verstehen, in Harmonie mit ihm zu arbeiten, seine Ausdrucksformen in seiner Umwelt zu erkennen, in ihm selbst, in jeder Zelle und jedem Molekül seines leiblichen Körpers, in allem, was ist, und seine Allgegenwart und Allmacht wahrzunehmen. Und indem der Mensch sich dieses Gesetzes bewußt wird, es versteht, mit ihm in Harmonie handelt, wird er zum Mitschöpfer an der Seite Gottes. Es gibt keinen größeren und höheren Wert im Weltall.

Durch diese mächtige Gedankenkraft, den größten Schatz des Menschen, und seinem Geburtsrecht, hat der Mensch die Freiheit, das auszuführen, was er erstrebt, wenn es in Harmonie mit dem Gesetz ist, und so in ewiger Vollkommenheit mit dem Gesetz zu leben.

Ist das Denken des Menschen mit dem Gesetz in Harmonie, so kann er heilen, was auch immer er durch Disharmonie in der Vergangenheit geschaffen hat; er kann seinen denkenden, physischen und fühlenden Körper erneuern. Er kann alle Krankheiten seines physischen Körpers heilen und vollständige Harmonie in seiner Umgebung und in der Welt erschaffen.

Sind jedoch die Gedankenströme im denkenden Körper nicht im Einklang mit dem Gesetz, gibt es nichts anderes, das die Harmonie in der Welt des einzelnen erzeugen kann.

Die Essener wußten, daß nur eine kleine Minderheit der Menschheit von dieser großartigen Möglichkeit des Gedankenkörpers Gebrauch macht. Sie wußten, daß die Mehrheit ihren Gedankenkörper ganz wahllos benutzt, ohne zu wissen, daß sie mit ihren Gedanken aufbauen oder zerstören können. Eine fast willkürliche Folge von

Gedanken, Vorstellungen und Gedankenassoziationen wandert durch ihren Geist ohne bewußte Richtung. Doch gerade diese umherziehenden Gedankenelemente können mächtige Kräfte entwickeln, die den Gefühlskörper und den physischen Körper durchdringen und in jedes Atom und jede Zelle eindringen und jeden Teil von ihnen in Schwingung bringen. Von diesen Schwingungen gehen Strahlungen aus, die entweder harmonisch oder disharmonisch sind, entsprechend der Art des Gedankens.

Gelingt es dem Menschen nicht, sich des Gesetzes bewußt zu werden, so weicht er unbewußt von ihm ab, denn er ist von disharmonischen Kräftefeldern umgeben, die ihn zur Abweichung bewegen. Diese Abweichungen sind die Ursache für alle Unvollkommenheiten in der Welt, für alle Beschränkungen und alles Negative in seinen Gedanken, Gefühlen und körperlichen Wohlbefinden, in seiner Umgebung, in der Gesellschaft und auf dem gesamten Planeten. Jedesmal, wenn der Mensch geringwertige Gedanken schafft oder übernimmt, so läßt er es zu, daß eine minderwertige Energie in seine Welt eindringt.

Diese minderwertige Kraft reagiert entsprechend der Stärke des Gedankens auf seinen Gefühlskörper und verursacht ein emotionales Ungleichgewicht, das wiederum den physischen Körper beeinflußt.

Dieses Ungleichgewicht verursacht selbstauslösend weitere Abweichungen und Disharmonien, weitere Krankheiten im Gefühlskörper und im physischen Körper. Und diese Disharmonien, diese Krankheiten, schaffen eine Atmosphäre der gestörten Harmonie um den einzelnen herum, die wiederum das Denken, Fühlen und Handeln aller anderen beeinflußt, die sich des Gesetzes nicht bewußt sind und auch nicht wissen, wie sie sich dagegen schützen können, um all diese niederen Gedanken nicht aufzunehmen, die durch die eine gedankliche Abweichung des einzelnen entstanden waren. So löst jeder einzelne, der einen niederen Gedanken, einen beschränkten, negativen oder disharmonischen Gedanken hat, eine Kettenreaktion von Abweichungen aus, die sich auf dem ganzen Planeten und in den planetarischen Welten ausbreitet und sogar noch weitere Abweichungen, Beschränkungen, Negatives und gestörte Harmonie zur Folge hat.

Diese Disharmonie ist ansteckend, so wie viele Krankheiten ansteckend sind. Aber die großen Essener-Meister lehrten den Menschen, wie sie sich vor diesen disharmonischen Schwingungen schützen können, gleich bei ihrem Ursprung, noch bevor der erste disharmonische Gedanke entsteht. Sie lehrten den Menschen die rechte Weise zu denken, niemals vom Gesetz abzuweichen, keinen unvollkommenen Gedanken in das Bewußtsein hereinzulassen oder anzunehmen.

Diese großen Meister lehrten auch, daß es dem Menschen freisteht, mit dem Gesetz zu arbeiten, wenn er es wünscht, um auf diese Weise immer mehr Harmonie und Vollkommenheit in seiner Welt und in der Welt um ihn herum zu erschaffen.

Der Mensch versucht dauernd Wege zu entwickeln, um seine Lebensbedingungen zu verbessern. Aber er macht das allzuoft, ohne dabei das Gesetz zu berücksichtigen. Er versucht Frieden und Harmonie mit materiellen Mitteln zu erzielen, mit technologischen Entwicklungen, mit ökonomischen Systemen, ohne zu wissen, daß die Umstände der Disharmonie, die er selbst in die Welt gesetzt hat, niemals durch materielle Mittel wieder in Ordnung bringen kann. Das unendliche Leiden und die verursachte Disharmonie kann nur dann aufgelöst werden, wenn die Menschheit beginnt, das Gesetz der Harmonie im Gedankenkörper in Bewegung zu setzen. Nur durch ein vollständiges Zusammenwirken mit dem Gesetz kann diesem Planeten Friede und Harmonie gegeben werden.

Dies ist die Lehre der alten Essener in Bezug auf den Frieden des Geistes.

III – Friede mit der Familie

Der dritte Friede der Essener, der Friede mit der Familie, bezieht sich auf die Harmonie im Gefühlskörper, auf die Harmonie der Gefühle.

Mit dem Begriff Familie meinten die Essener jene Menschen in der unmittelbaren Umgebung des einzelnen, denen er in seinem täglichen Leben und Denken begegnet, seine Familie, seine Verwandten, Freunde und Bekannten. Entsprechend der Essener-Tradition hängt die Harmonie mit diesen Menschen vom Gefühlskörper ab.

Die natürliche Aufgabe des Gefühlskörpers besteht darin, Liebe auszudrücken. Der Menschheit wurde das immer und immer wieder von den großen Meistern wie Jesus, Buddha, Zoroaster, Moses und den Propheten gesagt. Dem Menschen wurde das Gesetz gegeben, seinen Schöpfer mit allen drei Körpern zu lieben. Und das Leben selbst ist in allen Bereichen, Aspekten und Ausdrucksformen der Beweis kreativer Liebe.

Göttliche Liebe ist eine starke kosmische Kraft, eine kosmische Funktion. Sie ist das Gesetz aller menschlichen Körper, doch durch den Gefühlskörper wird sie am mächtigsten ausgedrückt.

Der Gefühlskörper besteht aus all den Gefühls- und Empfindungsströmen, die der einzelne erfahren und an die Umgebung abgeben kann. Genauso wie die Gedankenkörper aller Menschen auf der Erde eine Gedankenatmosphäre um sie herum schaffen, erschaffen ebenso alle Gefühlskörper eine planetarische Gefühlsatmosphäre, unsichtbar und nicht meßbar, aber mit enormem Einfluß und großer Kraft. Alle Empfindungen und Gefühle, die im einzelnen entstehen, werden ein Teil der irdischen Gefühlsatmosphäre und bringen ähnliche Gefühle in der irdischen Atmosphäre zum Mitschwingen.

Wenn ein niederes Gefühl ausgesendet wird, so wird dessen Urheber sogleich in die entsprechend niederen Gefühle des Gefühlskörpers der Erde hineingezogen.

Und so öffnet er die Tore für eine Flut von zerstörerischer Gewalt, die auf ihn hereinstürzt und seine Gefühle beherrscht und zumeist auch sein Denken und seine eigenen niederen Gefühle verstärkt, so wie das bei einem Verstärker und Lautsprecher mit dem Ton geschieht.

Diese zerstörerische Kraft beeinflußt direkt den physischen Körper des einzelnen. Sie beeinflußt auch die Arbeit der endokrinen Drüsen und das gesamte Drüsensystem. Sie läßt krankhafte Zellen entstehen, die unsere Lebenskraft vermindern, das Leben verkürzen und zu unbegrenztem Leid führen. Es wundert daher nicht, daß die Zahl der Nervenstörungen und anderer Krankheiten trotz allen Krankenhäusern, Heilanstalten, ärztlichen Organisationen und Zentren und angesichts des Fortschritts in Hygiene und Medizin dennoch erschreckend zunimmt.

Des Menschen Gefühlskörper entwickelte sich zu einer selbstvergiftenden Maschine, weil sein Handeln unwissentlich gegen das Gesetz verstieß, anstatt mit diesem in Einklang zu sein.

Die Essener wußten um die große Disharmonie im Gefühlskörper fast jedes Menschen, und aus Beobachtungen der Gefühlskörper von Babies und Eingeborenen lernten sie auch, warum. Der Gefühlskörper eines Babys registriert als erstes die Symptome frühester kindlicher Selbsterhaltungsinstinkte. Daraus entstehen die drei Grundempfindungen: Furcht, Zorn und Liebe.

Furcht entsteht durch eine plötzliche heftige Bewegung oder Geräusch. Zorn entsteht durch die

Beschränkung des Freiheit des Babys, und Liebe aus der Befriedigung des Hungers und anderer Bedürfnisse. Furcht und Zorn sind niedere Gefühle. Das Liebesgefühl des Säuglings, obgleich von überragender Bedeutung, steht noch am Anfang der Entwicklung. Der Gefühlskörper des Säuglings ist ein Vulkan von Empfindungen, von denen die meisten von niederem Wert sind. Sein Gedankenkörper hat noch nicht begonnen zu arbeiten.

Der Naturmensch, der noch nicht unter dem Einfluß der Zivilisation steht, hat einen ähnlichen Gefühlskörper. Seine Empfindungen sind alle auf seinen Selbsterhaltungsinstinkt bezogen und beherrschen als eine mächtige Kraft seinen frühkindlichen Gedankenkörper. In beiden, dem Kind und dem einfachen Naturmenschen, entwickelt sich der Gefühlskörper viel früher als der Gedankenkörper. Das ist erforderlich, um den physischen Körper vor Gefahren zu schützen und so das Leben zu erhalten. Der Selbsterhaltungsinstinkt ist ein Naturgesetz, und das von ihm bestimmte Handeln bewegt sich so lange in vollständiger Harmonie mit dem Gesetz, bis der Mensch die Kraft des Denkens entwickelt hat, um mit ihrer Hilfe einen Weg aus der Gefahr zu finden.

Da das Fühlen schon viel eher entwickelt war, folglich also auch schön länger arbeitete als das Denken, tendierte es dazu, das Denken zu beherrschen, selbst wenn das Kind erwachsen geworden und der Naturmensch zivilisiert worden ist.

Der Gefühlskörper beherrscht heutzutage bei den

meisten Menschen den Gedankenkörper. Darin liegt die Ursache der ersten Abweichung des Menschen vom Gesetz.

Mittels seiner Gedankenkraft kann der Mensch jede Situation seines Lebens viel zufriedenstellender handhaben als durch gedankenlose Gefühle.

Doch die Handlungen der meisten Menschen werden allzuoft von einem Gefühlsimpuls ihres Gefühlskörpers bestimmt als von begründetem Denken. Das führt zu einem großen Ungleichgewicht in ihren Körpern. Der erwachsene, zivilisierte Mensch, der sich soweit entwickelt hat, daß er zum Denken fähig ist, sollte mit seinem Denken auch sein Handeln bestimmen. Wenn er seinem Handeln erlaubt, von Empfindungen und Gefühlen beherrscht zu werden, so wie das in seiner Kindheit der Fall war, so bringt er all seine Kräfte aus dem Rhythmus und aus dem Gleichgewicht.

Das schafft regressive psychologische Gegebenheiten in seinem gesamten Dasein. Seine daraus resultierenden Taten und Handlungen bleiben ichbezogen und selbstsüchtig, wie die eines Kindes und eines Naturmenschen.

Aber wenn der Mensch kein Wilder oder Kind mehr ist, so weicht er vom Gesetz ab, wenn er wie ein Wilder oder wie ein Kind handelt. Seine triebhaften Impulse können dem Fortschritt der Evolution nur dann dienen, wenn sie von den denkenden Fähigkeiten bestimmt werden. Und aus dieser Abweichung vom Gesetz entstehen noch weitere Folgen.

Die Natur gab dem Menschen die Anlage zum

Denken, damit er fähig ist, ihre Gesetze zu verstehen und sein Leben in Harmonie mit ihnen zu führen. Der Mensch ist fähig, eine weit höhere Entwicklungsstufe durch Denken zu erlangen, als er durch triebhaftes Leben erreichen würde. Wenn er also darin fortfährt, seinen Gefühlskörper weiterhin als beherrschende Kraft in seinem Handeln zuzulassen, so behindert er nicht nur seine eigene Entwicklung, sondern auch die Evolution des Planeten.

Unternimmt er keine Anstrengungen, um das Gesetz zu verstehen, so verneint er es, leugnet er beständig sein Wissen davon, so ist er darauf angewiesen, seine eigenen Gesetze zu schaffen, nichtssagende künstliche Gesetze, Gesetze der Ichbezogenheit und der Selbstsucht. Und diese verursachen Mauern der Trennung zwischen ihm und dem Rest der menschlichen Familie, zwischen ihm und der Natur, zwischen ihm und dem großen Gesetz, dem Schöpfer.

Mit des Menschen erster Abweichung vom Gesetz durch den Gefühlskörper beginnt die lange Kette der Abweichungen, die die menschliche Disharmonie und das Leiden auf der Erde verursachen. All die großen Lehrer der Menschheit haben Tausende von Jahren hindurch den Menschen vor den Folgen gewarnt, die bei der Gesetzesabweichung des Gefühlskörpers entstehen. Buddha machte deutlich, wie daraus Leiden entsteht. Leiden für den einzelnen und Leiden für die Menschheit.

Die Essener zeigten uns unmißverständlich, daß der

Gefühlskörper das mächtigste Instrument sein kann, um Gesundheit, Lebenskraft und Glück zu erlangen. Und durch die ordnungsgemäße Funktion des Gefühlskörpers, Liebe auszudrücken, kann der Mensch in sich, seiner Umwelt und der gesamten Menschenfamilie das himmlische Reich erschaffen.

Im Essener Frieden mit der Familie findet das große Gesetz seinen Ausdruck in der menschlichen Nächstenliebe, ein Gesetz, das sich kleinen Kindern offenbart, sich aber oft vor dem Bewußtsein des erwachsenen Menschen verbirgt.

IV – Friede mit der Menschheit

Der vierte Friede der Essener bezieht sich auf die Harmonie zwischen Gruppen von Menschen, auf den sozialen und wirtschaftlichen Frieden.

Zu keiner Zeit in der Geschichte kam die Menschheit in den Genuß des sozialen Friedens. Immer hat der Mensch den Menschen ökonomisch ausgebeutet, politisch beherrscht und militärisch unterdrückt. Die Essener wußten, daß diese Ungerechtigkeiten durch die Nichtbeachtung des kosmischen Gesetzes entstanden sind. Genau die gleichen Abweichungen, die Disharmonie im persönlichen Leben des Menschen verursachen, in seinem Handlungs-, Gedanken- und Gefühlskörper, bringen auch Wohlstand und Armut, Herrscher und Sklaven und soziale Unruhen hervor.

Für die Essener waren Reichtum und Armut ein Ergebnis der Abweichungen vom großen Gesetz.

Sie wußten, daß großer Wohlstand sich nur in wenigen Händen konzentrieren kann, weil Menschen andere Menschen ausbeuten – auf die eine oder andere Weise. Und das ist die Ursache für das Elend von Herrschern und Unterdrückten. Die meisten fühlen Haß und die ihm verwandten zerstörerischen Emotionen. Das erzeugt Angst in den Herzen der Ausbeuter, Angst vor dem Aufstand, Angst davor, ihren Besitz zu verlieren oder sogar ihr Leben.

Armut wurde auch als Abweichung vom Gesetz angesehen. Ein Mensch war arm wegen einer falschen Einstellung im Denken, Fühlen und Handeln. Er mißachtet das Gesetz und kooperiert daher nicht mit ihm. Die Essener bewiesen, daß alles in Fülle vorhanden ist, was der Mensch braucht, um ihn glücklich zu machen.

Beschränkungen und Verschwendungen sind beides keine natürlichen Zustände und durch Abweichung vom Gesetz entstanden. Sie erzeugen den Teufelskreis von Angst und Aufruhr, eine ununterbrochene Atmosphäre von Disharmonie, die alle Körper des Menschen beeinflußt, der Reichen wie der Armen, und unaufhörlich einen Zustand der Unruhe, des Krieges und des Chaos erzeugt. Das war und ist bis jetzt der Dauerzustand der Menschheitsgeschichte.

Den Essenern war klar, daß es aus diesem Kreislauf von Unterdrückung, Haß und Gewalt, Kriegen und Revolutionen kein Entkommen gab, außer wenn in der ganzen Welt die Unwissenheit des einzelnen verändert wird. Ihnen war klar, daß der einzelne eine lange Zeit braucht, um seine Vorstellungen, sein Denken und seine Gewohnheiten zu verändern und zu lernen, wie er mit dem Gesetz kooperieren kann. Denn der einzelne muß die Veränderung selbst hervorbringen. Kein anderer kann es für ihn tun.

Jedoch durch Lehren und Vorbilder, so glaubten die Essener, kann schrittweise ein höheres Verständnis für das Gesetz geschaffen werden. Sie lehrten eine Lebensweise, die weder Armut noch Reichtum unterstützte. Sie bewiesen in ihrem Alltag, wie der Mensch im Einklang mit dem Gesetz, im Versuch, es zu verstehen und damit bewußt zusammenzuarbeiten, keinen Mangel erfahren wird. Es wird ihm möglich sein, in jeder Haltung, jedem Gedanken und Gefühl eine vollkommene Harmonie beizubehalten, und er wird erkennen, daß seine Bedürfnisse erfüllt werden.

Die Lösung, die die Essener für wirtschaftliche und soziale Harmonie anboten, ist für jede Zeit anwendbar, für die Gegenwart, wie für die Vergangenheit und Zukunft. Sie enthielt vier Faktoren:

1. Abstand von den chaotischen Umständen der Mehrheit, die sich weigert, dem Gesetz von Natur und Kosmos zu folgen.
2. Darlegung eines praktischen und sozialen Systems, das auf dem Gesetz von Natur und Kosmos aufbaut.
3. Vermittlung dieser Ideen an die Außenwelt durch

Lehren, Heilen und Helfen anderer, entsprechend ihren Bedürfnissen.
4. Andere Menschen für ihre Gemeinschaften zu interessieren, die hinreichend entwickelt und willens sind, mit dem Gesetz zusammenzuarbeiten.

Die Essener zogen sich aus der Disharmonie der größeren und kleineren Städte zurück und gründeten Bruderschaften am Rande der Seen und Flüsse, wo sie ihr Wirtschafts- und Sozialsystem, das auf dem Gesetz basierte, aufbauten. In ihren Bruderschaften gab es weder Reiche noch Arme. Niemand vermißte etwas, was er nicht hatte. Und keiner hatte Überfluß an Dingen, die er nicht nutzen konnte. Den einen Zustand hielten sie für genauso entartet wie den anderen. Sie zeigten der Menschheit anschaulich, daß sie durch die Kenntnis des Gesetzes mühelos ihr tägliches Brot, die Nahrung und alle materiellen Bedürfnisse erwerben könnten.

Strenge Regeln und Vorschriften waren unnötig, denn alle lebten im Einklang mit dem Gesetz. Ordnung, Tüchtigkeit und die Freiheit des einzelnen bestanden nebeneinander. Die Essener waren sowohl äußerst praktisch als auch höchst spirituell und intellektuell.

Sie beteiligten sich nicht an der Politik und folgten keiner politischen Richtung, denn sie wußten, daß weder politische noch militärische Mittel die chaotischen Zustände der Menschheit ändern können. Sie bewiesen durch direktes Beispiel, daß Ausbeutung und Unterdrückung anderer vollkommen unnötig waren. Viele ökonomische und soziale Historiker sahen in den Essenern die ersten Sozialreformer der Welt, die in einem umfassenden Rahmen dachten und lebten.

Ihre Bruderschaften waren zum Teil kooperativ aufgebaut. Jedes Mitglied der Gruppe besaß eine eigene Hütte und einen Garten der groß genug war, um das anzubauen, was er sich besonders wünschte. Ebenfalls nahm jeder am Gemeinschaftsleben teil, wann immer seine Dienste gebraucht wurden; beim Weiden der Tiere, beim Pflanzen und der Getreideernte auf den sich weit erstreckenden Flächen, die mit geringem Aufwand höchste Erträge erzielten. Sie waren große Experten in der Landwirtschaft, hatten ein fundiertes Wissen vom Pflanzenleben, Boden- und Klimabedingungen. In Gebieten, die der Wüste glichen, ernteten sie eine große Vielfalt von Früchten und Gemüsen in der besten Qualität und in solch einer Fülle, daß sie in den Erntezeiten einen Überschuß an Bedürftige verteilen konnten. Ihr geschultes Wissen erlaubte ihnen, dies alles in verhältnismäßig wenigen Stunden am Tag zu erledigen, so daß ihnen reichlich Zeit für ihre Studien und spirituellen Übungen blieb.

Die Natur war ihre Bibel. Sie sahen in der Gartenarbeit einen erzieherischen Wert, einen Schlüssel zum Verständnis des ganzen Weltalls, der alle Gesetze offenbart, ebenso wie der menschliche Körper. Sie lasen und studierten das große Buch der Natur ihr ganzes Leben lang, in all ihren Bruderschaften, als eine unerschöpfliche Quelle von Wissen, Energie und Harmonie.

Während sie ihre Gärten umgruben und ihre Pflanzen pflegten, setzten sie sich mit dem Leben der Natur in Verbindung, mit den Bäumen, der Sonne, dem Erdboden, dem Regen. Von all diesen Kräften erhielten sie ihre Ausbildung, ihr Vergnügen und ihre Erholung.

Diese Einstellung gegenüber ihrer Arbeit war einer der Gründe für ihren großen Erfolg. Für sie war das nicht nur Arbeit, sondern eine Gelegenheit, die Kräfte und Gesetze der Natur kennenzulernen. Und darin unterschied sich ihre Wirtschaftsordnung von all den anderen. Die Pflanzen und Früchte, die sie anbauten, waren sozusagen ein Nebeneffekt ihrer Bemühungen. Ihr wahrer Lohn lag im Wissen, in der Harmonie und in der Lebenskraft, die sie dadurch erlangten, um ihr Leben zu bereichern. Gartenarbeit war für sie ein Ritual, eine heilige Handlung. Ein eindrucksvolles Schweigen erfüllte die Atmosphäre, wenn sie in Harmonie mit der Natur arbeiteten und dabei wahre himmlische Reiche in ihren Bruderschaften errichteten.

Ihre wirtschaftliche und soziale Organisation war nur ein Ausschnitt ihres gesamten Systems vom Leben und der Lehre. Sie war ein Mittel zum Zweck, erfüllte jedoch keinen Selbstzweck. Denn all ihre Handlungen, Gedanken, Gefühle und Taten waren voll von einer lebendigen Einheit und Harmonie. Alle gaben freizügig von ihrer Zeit und Energie, ohne sich gegenseitig die Leistungen mathematisch vorzurechnen. Und durch diese Harmonie in jedem einzelnen konnte dessen Entwicklung beständig fortschreiten.

Den Essenern war klar, daß es viele Generationen brauchte, um eine Veränderung im Menschen oder gar in der ganzen Menschheit zu bewirken. Doch sie schickten Lehrer und Heilpraktiker von ihren Bruderschaften aus, deren Leben und Errungenschaften die Wahrheit verdeutlichen würden, die sie lehrten, um so in kleinen Schritten das Verständnis und den Wunsch der Menschen zu erwecken, im Einklang mit dem Gesetz zu leben. Die Essener-Bruderschaft am Toten Meer schickte viele Jahrhunderte solche Lehrer aus, wie Johannes den Täufer und Johannes den Geliebten (Verfasser des vierten Evangeliums). Und sie warnten immer wieder vor den Folgen der sozialen und wirtschaftlichen Abweichungen des Menschen vom Gesetz. Ein Prophet nach dem anderen wurde ausgeschickt, um vor den Gefahren zu warnen, die die soziale Ungerechtigkeit nach sich zieht, so wie sie damals und auch heute noch vorhanden ist. Nicht nur der einzelne oder Gruppen wurden gewarnt, sondern es hat sich gezeigt, daß alle in Gefahr gerieten, die die Abweichungen unterstützten oder in irgendeiner Weise mit ihnen zusammenwirkten.

Die Masse der Menschen hörte nicht zu, versäumte es, ein Verständnis von sozialem und wirtschaftlichem Frieden zu erlangen. Nur wenige mehr entwickelte Menschen horchten auf. Von diesen wurden einige auserwählt, um in den Bruderschaften als Beispiel für Friede und Harmonie in allen Bereichen ihres Daseins zu arbeiten.

Die Essener wußten, daß die Minderheit, die das

Gesetz versteht und befolgt, durch die sich steigernde Wirkung von Vorbild und Lehre eines Tages, gewachsen durch die Generationen, schließlich zur Mehrheit der Menschen anwachsen wird.

Erst dann wird die Menschheit diesen vierten Frieden der Essener erkennen, den Frieden mit der Menschheit.

V – Friede mit der Kultur

Der Friede mit der Kultur bezieht sich auf den Gebrauch der großen Werke der Weisheit aus allen Jahrhunderten, einschließlich der Gegenwart.

Die Essener bestanden darauf, daß der Mensch seinen rechten Platz im Weltall nur dann einnehmen kann, wenn er alles verfügbare Wissen von den großen Lehrern aufnimmt, das ihm durch die großen Meister der Weisheit gegeben wurde. Entsprechend der Essener-Traditionen stellen diese Meisterwerke ein Drittel allen Wissens dar. Für sie gab es drei Wege, um die Wahrheit zu finden. Der eine ist der Weg der unmittelbaren Erkenntnis, dem die Mystiker und die Propheten folgen. Der andere ist der Weg der Natur und Wissenschaft. Der dritte ist der Weg der Kultur, der großen Meisterwerke der Literatur und Kunst.

Die Essener bewahrten in ihren Bruderschaften eine große Anzahl wertvoller Schriften, die sie regelmäßig studierten, und zwar mit einer Methode, die sich in keiner anderen Geistesschule des Altertums finden läßt. Im Studium dieser Werke befolgten sie die ersten zwei Wege zur Wahrheit: den Weg der direkten Wahrnehmung und den Weg der Natur.

Durch unmittelbare Erkenntnis bemühten sie sich, die ursprünglich höhere Intuition des Menschen zu verstehen und so ihr eigenes höheres Bewußtsein zu erwecken. Anhand der Natur, aus der die großen Meister ihre Vergleiche und Beispiele ableiteten, um ihr intuitives Wissen des Menschen zu verdeutlichen, verknüpften die Essener ihre eigenen intuitiven Beobachtungen mit denen der großen Meister. Durch diesen beständigen Vergleich zwischen der Natur, ihren eigenen Intuitionen und den großen Meisterwerken der Kultur machte ihre eigene Entwicklung Fortschritte.

Sie hielten es für die Pflicht eines jeden Menschen, Weisheit aus diesen Meisterwerken zu erwerben, so daß die Erfahrung, das Wissen und die Weisheit genutzt werden konnten, die bereits von vorausgegangenen Generationen erlangt worden waren. Ohne diese Lehren wäre der Fortschritt der Menschheitsentwicklung wesentlich langsamer abgelaufen, denn jede Generation müßte immer wieder ganz von vorne anfangen. In der allumfassenden Kultur hat der Mensch dem Planeten etwas Neues hinzugefügt und ist damit zum Schöpfer geworden, zum Miterschaffenden an Gottes Seite. Und so erfüllt er seine Aufgabe auf Erden, indem er die Arbeit der Schöpfung fortsetzt.

Die umfassende Kultur hat für die Menschheit noch

aus zwei weiteren Gründen großen Wert. Erstens verkörpert sie die höchsten Ideale,die sich die Menschheit geschaffen hat, und zweitens bildet sie eine allumfassende Wissensvereinigung der Lebensprobleme und ihrer richtigen Lösung.

Dieses Wissen wurde von hochentwickelten Wesen hervorgebracht, jenen Meistern, die über Kräfte verfügten, die ihnen den Zugang zu den allumfassenden Quellen des Wissens, der Energie und Harmonie ermöglichten, die im kosmischen Gedankenmeer existieren. Der Beweis ihrer Kontaktfähigkeit war die bewußte Lenkung dieser Naturkräfte in einer Weise, die wir heute als «Wunder» bezeichnen würden. Dadurch wurden immer mehr Interessenten an diese Gemeinschaften angezogen. Es wurde aber nur eine begrenzte Anzahl aufgenommen, jene, die in ihrer eigenen Entwicklung weit genug vorangeschritten waren, um den tieferen Sinn der Lehren ihrer Meister zu verstehen. Die Schüler waren bestrebt, die ihnen vermittelten Wahrheiten zu erhalten, indem sie die Worte der Meister aufschrieben. Und darin lag der Ursprung aller großen Meisterwerke der Weltliteratur.

Die Wahrheiten in diesen Meisterwerken sind unvergänglich. Sie kommen aus der ewigen, unveränderlichen Quelle des Wissens. Die Gesetze des Kosmos und der Natur, die Natur selbst, das innerste Bewußtsein des Menschen, sind genau die gleichen wie vor zwei oder zehntausend Jahren. Solche Lehren gehören keiner Geistesschule oder Religion an. Die Essener waren überzeugt davon, daß der Mensch alle großen heiligen Bücher der Menschheit, all die großartigen Kulturbeiträge, studieren sollte. Denn sie wußten, daß alle die gleiche zeitlose Weisheit lehrten und scheinbare Widersprüche nur durch die Einseitigkeit ihrer Anhänger entstehen, die versuchten, diese Lehren zu deuten.

Der Sinn der Studien war es nicht, lediglich einige wenige zusätzliche Fakten dem Wissen hinzuzufügen, das der einzelne schon hatte. Es diente dazu, ihm die Quellen zur universellen Wahrheit zu öffnen. Sie waren der Ansicht, daß wenn der Mensch ein bedeutendes heiliges Buch der Menschheit liest, werden selbst die Symbole der Buchstaben und Worte im Denkzentrum machtvolle Schwingungen und Gedankenströme schaffen. Und diese Schwingungen und Strömungen bringen ihn in Berührung mit dem Gedankenzentrum des großen Meisters, der die Wahrheit hervorbrachte.

Dies eröffnet dem Individuum eine Quelle des Wissens, der Harmonie und Kraft, die auf keinem anderen Wege erhältlich ist. Und darin liegt der große Wert, der tiefere Sinn des fünften Friedens der Essener.

Diese großen Meisterwerke sind in Geschichtsepochen entstanden, in denen sich die Menschheit in großem Chaos befand. Die unaufhörlichen Abweichungen der Menschheit vom Gesetz scheint zu bestimmten Zeiten in Massenverwirrung und Zusammenbruch zu gipfeln, so daß ein Verfall der bestehenden Sozialordnung und Lebensweise droht oder stattfindet. In solchen Zeiten erschienen die großen Meister als

Wegweiser für die Menschheit. Meister wie Zoroaster, Buddha, Moses, Jesus und andere brachten der Menschheit neue Hoffnung und öffneten ihren Horizont. Sie vermittelten ihre Lehren in zweifacher Weise. Die eine war in Form von Naturparabeln, die für die Masse des Volkes verständlich waren. Die zweite Form, die nur für eine kleine Anzahl entwickelter Anhänger geeignet war, bestand in ihrer direkten Übertragung des Wissens vom Bewußtsein des Meisters ins Bewußtsein des Schülers. Die erste Lehre war in den sogenannten exoterischen (äußeren) Büchern enthalten, und Geschichtsforscher bezeichneten diese als schriftliche Überlieferungen. Die zweite Lehre war die ungeschriebene Tradition, und diese war die esoterische Lehre, die von den Schülern für eigene Zwecke, und nicht für das Volk, aufgeschrieben wurde. Aber selbst den Schülern gelang es nicht immer, die Weisheit der Meister zu verstehen und sie richtig auszulegen.

Doch enthalten nur einige ganz wenige gegenwärtige Bücher die gleichen Lehren, wie sie die Meister hervorbrachten. Tausende von Menschen schreiben heutzutage Bücher, und Tausende über Tausende von Büchern werden jedes Jahr herausgebracht. Bei solch einer Massenproduktion von Druckwerken ist es unvermeidbar, daß die meisten von minderwertiger Qualität sind, und selbst die besten davon noch oberflächliche Scheinwahrheiten verkünden. Und trotz der geringen Zeit, die sich der moderne Mensch zum Lesen zugesteht, neigt er noch dazu, sich mit diesen oberflächlichen und im allgemeinen nutzlosen Druckwerken zu beschäftigen, während die Meisterwerke der Jahrhunderte in Bücherregalen und Bibliotheken verstauben.

Bevor die Druckkunst entdeckt wurde, blieben nur jene Schriften erhalten, die echten Wert besaßen. Der durchschnittliche Mensch war damals nicht fähig, zu lesen oder zu schreiben. Die Schwierigkeiten, sich Wissen anzueignen, waren sehr groß. Das Reisen zu den wenigen Bildungszentren brachte große Gefahren mit sich, was von den unsicheren Verhältnissen in verschiedenen Ländern und den einfachen Transportmitteln herrührte. Darüberhinaus mußte der Schüler eine Lehrzeit von mehreren Jahren absolvieren, damit geprüft werden konnte, ob er mit dem ihm anvertrauten Wissen verantwortungsvoll umgehen kann. Noch weitere Jahre dauerte es, dieses Wissen zu erlangen. Die materiellen Schwierigkeiten, ein Manuskript herzustellen, waren ebenfalls groß. Wegen all dieser Hindernisse wurden nur Arbeiten von wahren Meistern an zukünftige Generationen übermittelt, und die wenigen, die davon übrigblieben, sind Werke höchster Weisheit.

Dieser dritte Teil aller Weisheit, dargestellt in der Kultur der Menschheit, erschien den Essenern für die Entwicklung des Menschen notwendig. Auf keine andere Weise konnte er ein allumfassendes Verständnis der Lebensgesetze erlangen, als durch die Begegnung mit dem kosmischen Gedankenmeer.

Dieser Kontakt mit den ewigen Gedankenformen eines großen Meisters (die morphogenetische Resonanz) ist der heilige Zweck, der unschätzbare Friede und Harmonie mit der Kultur.

VI – Friede mit dem Reich der Mutter Erde

Der sechste Friede lehrt Harmonie mit den Gesetzen der irdischen Natur, dem Reich der Mutter Erde. Die Einheit von Mensch und Natur ist bei den Essenern ein grundlegendes Prinzip der Wissenschaft vom Leben. Der Mensch ist ein Bestandteil der Natur. Er wird von allen Gesetzen und Kräften der Natur bestimmt. Seine Gesundheit, Lebenskraft und sein Wohlbefinden hängen vom Grad seiner Harmonie mit den Kräften der Erde ab; das wird für jeden einzelnen, für jede Nation und für die ganze Menschheit immer in direktem Verhältnis dazu stehen, inwieweit die Gesetze der Erde befolgt werden.

Die Weltgeschichte zeigt, daß jede Nation ihre größte Blüte erreichte, wenn sie das große Gesetz der Einheit von Mensch und Natur befolgte. Ihre Lebenskraft und ihr Wohlstand blühte auf, wenn das Volk ein einfaches, natürliches Leben in Zusammenarbeit mit der Natur führte. Wenn aber die Nation oder Zivilisation von der Einheit abweicht, so löst sie sich unweigerlich auf und verschwindet.

Diese Einheit von Mensch und Natur ist noch nie so schwerwiegend verletzt worden wie zur gegenwärtigen Zeit. Der moderne Städtebau des Menschen steht vollkommen im Widerspruch zur Natur. Die städtischen Stein- und Betonwände sind symbolischer Ausdruck für die Trennung des Menschen von der Natur, seiner aggressiven Lebensweise mit dem Zwang, andere zu unterdrücken, und der ständigen Rivalität untereinander. Sein gegenwärtiges zentralisiertes, technisiertes und mechanisiertes Leben schafft einen Abgrund, der niemals breiter und tiefer gewesen ist.

Die Einheit mit der Natur ist das Fundament des Bestehens des Menschen auf diesem Planeten. Sie ist das Fundament aller Wirtschaftssysteme, aller sozialen Beziehungen zwischen Gruppen von Menschen. Ohne dieses Fundament wird sich die gegenwärtige Zivilisation zu Niedergang und Verfall hinbewegen, wie jene in der Vergangenheit.

Dieses Gesetz der Einheit galt bei den Essenern als führender Maßstab für das tägliche Leben des Menschen im sichtbaren Universum. Die Menschheit wußte von diesem großen Gesetz aus einer Zeit, die der erdgeschichtlichen Katastrophe des Pleistozän vorausging. Entsprechend den Überlieferungen, die auf den Hieroglyphen der Sumerer basieren, lebten die vordiluvischen Menschen (Diluvium = Sintflut) überwiegend im Walde, und es war vom Walde untrennbar. Die Wissenschaft nannte diesen Menschen Homo sapiens sylvanus.

Die Riesenbäume der damaligen Zeit boten mit über hundert Metern Höhe nicht nur Schutz, sondern regulierten auch die Temperatur und Luftfeuchtigkeit der Atmosphäre. An den Bäumen wuchs die Nahrung des

Menschen mit einer Fülle von verschiedenen Früchten. Die grundlegende Beschäftigung dieser Waldbewohner war damals die Arbeit mit den Bäumen. Er baute sie nicht nur an und pflegte sie, sondern schuf neue Arten und entwickelte auf diese Weise neue Fruchtsorten. Er war ein großartiger Baumkultivierer, der in Harmonie mit allen Naturkräften lebte. Er wirkte in jeder Weise mit der Natur zusammen, indem er sowohl die Wälder erweiterte, als auch davon absah, Bäume zu beschädigen.

Dieser vordiluvische Waldmensch verfügte über keine technische Entwicklung und war doch fast ein vollkommenes Beispiel für das große Gesetz der Einheit und Harmonie zwischen Mensch und Natur. In der Geisteswissenschaft aller Lehren des Altertums war die Einheit des Menschen mit den Wäldern eine grundlegende Charakteristik. Die Idee der Einheit von Mensch und Natur hat große Denker, Philosophen und ganze Denkstile beeinflußt.

Zoroaster begründete darauf vieles von seiner Lehre in der Zend Avesta. Er versuchte die früheren Traditionen zu erneuern, indem er den Menschen zu einer harmonischen Lebensweise zurückführte, die in Zusammenarbeit mit der Natur geschah. Er lehrte seine Anhänger, daß es ihre Pflicht sei, den Humusboden zu erhalten, das Gärtnern und alle Naturgesetze zu erlernen und mit ihren Kräften zusammenzuarbeiten, um das ganze Pflanzenreich zu vervollkommnen und es auf die ganze Erdoberfläche auszudehnen. Er betonte immer wieder nachdrücklich, sich aktiv um die Entwicklung jeder Seite der irdischen Natur zu bemühen, der Pflanzen, Bäume und all ihrer Früchte.

Und zur Unterstützung veranlaßte er alle Väter, einen Obst- oder Nußbaum an jedem Geburtstag ihrer Söhne zu pflanzen und dem Jugendlichen an seinem 21. Geburtstag alle einundzwanzig Bäume zusammen mit dem Land zu geben, worauf sie gewachsen waren. Das sollte das Erbe für den Sohn sein, und der Vater war angewiesen, seinem Sohn alle Gesetze des praktischen Gärtnerns und das Zusammenwirken mit der Natur zu lehren, so daß jener für all seine zukünftige Nahrung selbst sorgen konnte. Zoroaster lehrte, daß die vollkommene Lebensgrundlage die eines Gärtners ist, der durch seine Arbeit mit der Erde, der Luft, dem Sonnenschein und dem Regen in dauernder Berührung mit den Naturkräften ist und ihre Gesetze studieren kann. Das Studium dieses größten Buches, das Buch der Natur, war für Zoroaster der erste Schritt, um Frieden und Harmonie im Reich der Mutter Erde zu schaffen.

Die Lehre von dieser gleichen bedeutenden Einheit zwischen Mensch und Natur erschien in Indien unmittelbar nach der Zend Avesta, in der vedischen Geisteswissenschaft des Brahmanismus, in den Upanischaden und später in der Lehre Buddhas. Das brahmanische Gesetz der Einheit, «Du bist das» (Tat Tvam Asi), drückte die Einheit von allem aus, von Weltall, Mensch und Natur. Die Weisen in Indien waren Menschen des Waldes, die in vollkommener Harmonie mit der ganzen

Schöpfung lebten. Auch Berosus, der chaldäische Priester, beschrieb die natürliche Lebensweise im Walde.

Aber die Einheit von Mensch und Natur fand ihren vollständigsten und poetischsten Ausdruck im zweiten Kapitel des Essener Evangeliums des Johannes, wo Jesus seinen gesamten Wortschatz aus der Natur entlieh, um dem Menschen zu zeigen, daß er ein vollkommener Teil davon ist. Jesus gab eine letzte Warnung hinsichtlich dieser Einheit und der Notwendigkeit, zu ihr zurückzukehren.

Der vordiluvische Mensch, der Zoroastermensch, der Brahmane, der Buddhist, der Essener, sie alle sahen im Wald und in der Natur den Freund und Beschützer des Menschen, die Mutter, die für all seine irdischen Bedürfnisse sorgt. Sie hielten sie nie für eine fremde Kraft, die bekämpft und erobert werden mußte, wie das der moderne Mensch zu meinen scheint. Die zwei Symbole, der Wald und die Steinmauer, geben einen Einblick vom gewaltigen Unterschied zwischen der Vorstellung des Altertums und der modernen Zeit, zwischen harmonischem Frieden und Zusammenwirken in der Natur einerseits, und den Steinmauern der Städte, der Zerstörung von Pflanzenleben, Erde und Klima andererseits. Der Mensch muß heute, mehr als zu irgendeinem anderen Zeitalter in der Geschichte, Harmonie und Friede mit der Natur erlernen. Auf der Erde gibt es riesige Flächen, wo er zuläßt, daß der Mutterboden sich verschlechtert und verschwindet. Nie zuvor gab es solch eine Massenzerstörung von Wäldern, nicht nur in ein oder zwei Ländern, sondern über alle fünf Kontinente hinweg. Und als Folge dieser fehlenden Zusammenarbeit mit der Natur nehmen die Wüstenflächen auf der Erde ständig zu. Dürreperioden treten immer öfter auf und dauern auch immer länger, Überschwemmungen überfluten das Land. Eine nicht zu übersehende Klimaverschlechterung wird offensichtlich, übermäßige Kälte oder Hitze und zunehmende Insektenschwärme zerstören die Früchte auf der ganzen Welt. Anstatt den edlen Traditionen der Essener zu folgen, versäumt es der Mensch gegenwärtig, das Gesetz der Einheit und die Zusammenarbeit mit der Natur zu erkennen, und scheint vielmehr darauf versessen zu sein, sein Erbe zu zerstören. Er weigert sich, das große Buch der Natur zu lesen, das alle Lebensgesetze offenbart und dem Menschen den Weg zu einem immer glücklicheren Leben weist.

Die Lehre der Essener zeigt den einzigen Weg, wie der Mensch sein Leben auf der Erde sinnvoll gestalten kann, die einzige Grundlage für eine gesunde Menschheit, um in Frieden mit dem Reich der Mutter Erde zu leben.

VII – Friede mit dem Reich des Himmlischen Vaters

Dieser siebte Friede enthält zugleich alle anderen Gesichtspunkte des Friedens. Das Reich des Himmlischen Vaters ist das Weltall, der gesamte Kosmos. Er wird vom Einen Gesetz, der Gesamtheit aller Gesetze, regiert. Der Himmlische Vater ist das Gesetz. Das Gesetz ist überall gegenwärtig. Es steht hinter allem, was sich manifestierte, und allem, was noch nicht offenbar wurde. Der Stein fällt, der Berg formt sich, die Meere fließen, alle in Übereinstimmung mit dem Gesetz. Ebenso das Sonnensystem, es entwickelt sich und verschwindet wieder. Ideen, Empfindungen und Intuitionen kommen und gehen ins menschliche Bewußtsein, so wie es das Gesetz will. Alles, was ist, konkret oder abstrakt, materiell oder immateriell, sichtbar oder unsichtbar, alles wird vom Gesetz bestimmt, von dem Einen Gesetz.

Das Gesetz hat keine Gestalt, so wie eine mathematische Gleichung keine Gestalt hat. Und doch enthält es alles Wissen, alle Liebe, alle Macht. Es legt Zeugnis ab von aller Wahrheit und aller Wirklichkeit. Es ist der Lehrer und Freund des Menschen, und zeigt ihm, was er zu tun hat, was er wissen und sein muß, um sich zu dem Wesen zu entwickeln, das seine Bestimmung ist. Das Gesetz führt den Menschen durch jedes Problem, durch jedes Hindernis und offenbart ihm immer die vollkommene Lösung.

Friede mit dem Gesetz bedeutet Friede und Harmonie mit dem kosmischen Meer und allen kosmischen Kräften des Universums. Durch diesen Frieden verbindet sich der Mensch mit allen höheren Strömungen und Schwingungen von allen Planeten im kosmischen All. Dadurch ist er fähig, die Wahrnehmung der Einheit mit allen Kräften des Weltalls zu erlangen, jenen der Erde und jenen aller anderen Planeten im Sonnensystem und allen galaktischen Systemen.

Durch diesen Frieden kann er sich mit all den höheren Werten im Weltall vereinen. Durch diesen Frieden wird in ihm die innere, intuitive Erkenntnis erweckt, der die Mystiker und die Propheten aller Zeiten folgten. Durch diesen Frieden verbindet der Mensch sich mit seinem Schöpfer.

Dieser Friede vervollständigt die Evolution des Menschen. Er bringt ihm das vollkommene Glück. Das ist sein letztendliches Ziel.

Der Mensch ist ein Teil der Gesamtheit des Universums. Er bildet eine unteilbare Einheit mit dem Ganzen. Er meint, daß er davon abgetrennt ist, weil er sich seiner Selbst als Einzelwesen bewußt geworden ist. Er wurde selbstbewußt und ichbezogen, weit mehr, als zur Erhaltung seines Lebens notwendig ist. Dieses Gefühl der Trennung verursacht in ihm das Bewußtsein von Mangel, von Beschränkung. In Gedanken hat er sich selbst von der Fülle des Universums getrennt, hat sich selbst von der Quelle der gesamten Versorgung ausgeschlossen. Die Versorgung ist materiell und immateriell, sie besteht aus den greifbaren und sichtbaren Bedürfnissen für das tägliche Leben und der universellen Energieversorgung, Lebenskraft und Stärke, von denen die größte die Liebe ist.

Die Essener beachteten, daß der Mensch inmitten eines Kräftefeldes lebt, zwischen irdischen und planetarischen Kräften, und daß seine eigene individuelle

Evolution in dem Grad fortschreitet, inwieweit er mit diesen Kräften zusammenarbeitet. Aber es gibt noch andere Kräfte einer höheren Ordnung, bei denen es noch viel wichtiger ist, daß der Mensch in Harmonie ist. Das sind die spirituellen Ströme im kosmischen Meer des kosmischen Bewußtseins. Diese höheren Schwingungen vermischen sich nicht mit den irdischen und planetarischen Schwingungen. Durch seine eigene Anstrengung, seinen eigenen Willen, muß der Mensch zu diesem kosmischen Meer des allumfassenden Lebens aufsteigen. Dann, und nur dann, kann er seine Einheit mit dem Gesetz wahrnehmen.

Um das klar zu verstehen, muß das Weltall als Ganzes begriffen und eingesehen werden, daß es eine Ganzheit ist, die alle Teile enthält, alle Liebe, alles Leben, alles Wissen, alle Kraft und alles Wesentliche. Es ist die Summe alles Wesentlichen, aus dem die Dinge geformt werden. Es ist die Summe aller Liebe, die überall und gegenwärtig ist, denn Liebe ist die höchste Quelle und die verbindende Kraft, die das Universum in all seinen Teilen zusammenhält. Der Mensch kann nie mehr von dieser Einheit getrennt sein, genausowenig wie eine Zelle seines Körpers von seinem Körper getrennt sein kann, denn dann könnte sie auch nicht mehr weiterleben.

Die Essener sprachen von den drei Zentren des Menschen: dem Bewegungszentrum, dem Gefühlszentrum und dem Denkzentrum. Aber sie waren sich immer bewußt, daß diese drei Teile in Wirklichkeit nicht getrennt waren, denn sie sind alle Teile des einen höheren Zentrums, des spirituellen Zentrums. Und dieses Zentrum ist Eins mit und gleichzeitig Teil von allem im Universum.

Die Unfähigkeit des Menschen, diese Sache zu verstehen, verursacht einen unendlichen Komplex von irrtümlichen Begrenzungen. Der Mensch begrenzt sich nicht nur in Hinblick auf die Versorgung seiner materiellen Bedürfnisse, sondern auch in Hinblick auf seine Möglichkeiten, seine Fähigkeiten und seine Kräfte des Denkens, Fühlens und Handelns. Er lebt ein mittelmäßiges Leben, weil er sich unnötige Grenzen setzt. Die moderne Wissenschaft stimmt dem zu, wenn sie berichtet, daß der Mensch Fähigkeiten besitzt, die er selten oder nie einsetzt. Die Lehre der Essener zeigt, daß dieser Umstand durch die Empfindung der Trennung von der Schöpfung verursacht wird, eine selbstauferlegte Begrenzung, in der der Mensch durch seine Abweichung vom kosmischen Gesetz gefangen ist.

Der Friede mit dem Reich des Himmlischen Vaters ist daher nur möglich, wenn der Mensch diese Abweichungen auslöscht und lernt, mit dem Gesetz und mit jedem Aspekt des siebenfältigen Friedens zusammenzuarbeiten: mit den drei Zentren, der Familie, der Menschheit, der Kultur und der Natur. Nur dann kann er den siebten Frieden kennenlernen, den allumfassenden Frieden.

Die Essener lehrten die Menschheit diesen Frieden, so daß sie alle Grenzen überwinden würde und mit ihrer allumfassenden Quelle in Berührung kommen könnte, dem gleichen Ursprung, mit dem die großen Meister durch die Zeiten ihr Bewußtsein vereint hatten, als sie ihre intuitiven Lehren hervorbrachten, die dem Menschen zeigen, wie er sich des Gesetzes bewußt wird, es verstehen, mit ihm zusammenarbeiten und in seinem Handeln zum Ausdruck bringen kann.

Die ganze Weltgeschichte ist ein Dokument der selbstauferlegten Begrenzungen des Menschen und seiner Bemühungen, diese zu überwinden. Diese Bemühungen geschahen vereinzelt, durch Gruppen oder Nationen und im planetarischen Sinne. Aber durch den Kampf ums Dasein und durch weitere Gesetzesabweichungen schlugen diese Bemühungen fast immer ins Negative um. So haben sie den Menschen an weitere Begrenzungen gebunden, weitere Disharmonie und geistige Trennung von seiner Quelle verursacht.

Das Reich des Himmlischen Vaters ist immer für ihn geöffnet. Seine Rückkehr zum universellen Bewußtsein und zur allumfassenden Schatzkammer ist immer möglich. Hat er einmal diese Entscheidung zur Rückkehr getroffen und sich beharrlich bemüht, kann er immer zur Quelle zurückgehen, zu seinem Himmlischen Vater, von dem er kam und von dem er in Wirklichkeit nie getrennt gewesen ist.

Der große Friede der Essener lehrt den Menschen, wie er zurückkehren kann, wie er den letzten Schritt tun kann, der ihn mit dem kosmischen Meer von höheren Strahlungen des ganzen Universums vereinigt und schließlich die vollständige Vereinigung mit dem Himmlischen Vater, der Gesamtheit der Gesetze, dem Einen Gesetz, erreicht.

Das war das letztendliche Ziel der Essener, und das bestimmte jeden ihrer Gedanken, Gefühle und Handlungen. Es ist das entgültige Ziel, das die ganze Menschheit eines Tages erreichen wird.

Der siebenfältige Eid

Der Eid, den der Neubekehrte leisten mußte, bevor ihm die Worte der Kommunionen übergeben wurden, bestand aus sieben Teilen und behielt damit die übliche Zahl Sieben bei den Essenern bei. Der Eid lautete wie folgt:

1. Ich möchte und werde mein Bestes tun, so zu leben, wie der Lebensbaum, der von den großen Meistern unserer Bruderschatt gepflanzt wurde, zusammen mit meinem Himmlischen Vater, der den ewigen Garten des Universums anlegte und mir meinen Geist gab; mit meiner Mutter Erde, die den großen Garten der Erde anlegte und mir meinen Körper gab; mit meinen Brüdern, die im Garten der Bruderschaft arbeiten.
2. Ich möchte und werde mein Bestes tun, um jeden Morgen meine Kommunionen mit den Engeln der Mutter Erde, und jeden Abend mit den Engeln des Himmlischen Vaters abzuhalten, wie es von den großen Meistern der Bruderschaft eingeführt wurde.

3. Ich möchte und werde mein Bestes tun, dem Pfad des siebenfältigen Friedens zu folgen.
4. Ich möchte und werde mein Bestes tun, um mein Bewegungszentrum, mein Gefühlszentrum und mein Denkzentrum zu vervollkommnen, wie es die großen Meister unserer Bruderschaft lehren.
5. Ich werde immer und überall mit Ehrfurcht meinem Meister gehorchen, der mir das Licht der großen Meister aller Zeiten gibt.
6. Ich werde mich meinem Meister unterwerfen und seine Entscheidungen annehmen, um Streitigkeiten oder Klagen mit oder gegen einen meiner Brüder beizulegen, die im Garten unserer Bruderschaft arbeiten; und ich werde nie irgendwelche Klagen gegen einen Bruder in die Außenwelt tragen.
7. Ich werde immer und überall alle Überlieferungen unserer Bruderschaft geheimhalten, die mir mein Meister übermitteln wird, und ich werde nie irgendjemandem diese Geheimnisse ohne die Erlaubnis meines Meisters mitteilen. Ich werde nie das Wissen, das ich von meinem Meister erhielt, als eigenes ausgeben und werde ihm immer Anerkennung für all sein Wissen schenken. Ich werde nie das Wissen und die Kräfte, die ich durch die Einweihung von meinem Meister erhielt, für materielle oder egoistische Zwecke gebrauchen.

Mit dem aufgehenden Tag
umarme ich Dich, meine Mutter,
mit der anbrechenden Nacht
vereine ich mich mit Dir, mein Vater,
und mit dem Ausklang von Abend und Morgen
will ich Ihr Gesetz atmen,
und bis zum Ende der Zeiten
will ich diese Kommunion nicht unterbrechen.

Aus dem *Übungshandbuch*
der Schriftrollen vom Toten Meer

Kapitel 7

Die Psychologie der Essener

In ihrer Ausübung der Kommunion mit den Kräften der Natur und des Kosmos drückten die Essener ein außergewöhnliches Wissen über die Psychologie aus. Sie wußten, daß der Mensch sowohl ein Bewußtsein als auch ein Unterbewußtsein hat, und sie waren sich beider Kräfte wohl bewußt.

Indem sie eine Gruppe ihrer Kommunionen zur ersten Handlung am Morgen machten, setzten sie bewußt bestimmte Kräfte in Bewegung, die für ihren ganzen Tag zum Vorzeichen wurden. Sie wußten, daß ein Gedanke, der stark genug zu Beginn des Tages im Bewußtsein gehalten wurde, das Individuum den ganzen Tag beeinflußte. Die Morgenkommunionen öffneten folglich den Geist für harmonische Strömungen, was ihnen die Aufnahme besonderer Energieformen in den physischen Körper ermöglichte.

Die Abendkommunionen, die als letzte Handlung am Abend vor dem Schlafengehen durchgeführt wurden, wirkten nach dem selben Prinzip. Die Essener wußten, daß sie mit diesen letzten Gedanken ihr Unterbewußtsein die ganze Nacht hindurch beeinflußten und daß die Abendkommunionen daher das Unterbewußtsein in Verbindung mit der Vorratskammer der höheren kosmischen Kräfte brachte. Sie wußten, daß der Schlaf so zur Quelle tiefsten Wissens werden kann.

Der durchschnittliche Mensch macht manchmal die Erfahrung, daß sich ein Problem während des Schlafens gelöst hat, und oft sogar auf eine Art, die von seiner normalen Denkweise abweicht.

Viele Wissenschaftler, Schriftsteller und andere schöpferisch Arbeitende haben ebenfalls herausgefunden, daß ihnen ihre Erfindungen und Ideen in der Nacht oder in den frühen Morgenstunden gekommen waren.

Das Wissen, das während des Schlafes aufgenommen wird, ist eine Wirkung des Naturgesetzes. Wenn auch der Schlaf für die Mehrheit nur ein wenig mehr als eine Phase der Entgiftung im Sinne einer physiologischen Instandsetzung ist, so bedeutet er doch für die kleine Minderheit die Möglichkeit der psychologischen Vervollkommnung. Die Essener wußten, daß wenn die höheren Kräfte vor dem Schlafengehen angeregt werden, – wenn sich die Erdenkräfte der zahllosen Tagesaktivitäten beruhigt haben – sie zu einem Fortschritt im Erreichen der edlen Ziele ihrer Abendkommunionen führten.

Sie wußten auch, daß jeder negative oder unharmonische Gedanke, den sie in ihrem Bewußtsein hielten, wenn sie sich ausruhten, ihren Widerstand gegenüber den negativen Kräften in der Außenwelt schwächen würde.

Sie hatten ein tiefes Wissen über den Körper und den Geist. Sie wußten, daß beide nicht voneinander getrennt werden konnten, da sie eine dynamisch-organische Einheit bilden, und was das eine beeinflußt, wirkt auch auf das andere. Die Essener waren der psychosomatischen Medizin um Tausende von Jahren voraus.

Sie wußten, daß körperliche Gesundheit viel mit der Empfänglichkeit für höhere Kräfte zu tun hatte, und daß ein entgifteter Organismus eher dazu fähig ist, einen Kontakt mit ihnen herzustellen, als jener, in dem die Kräfte teilweise dadurch gelähmt sind, daß er die körperlichen Gifte während der Schlafperiode beseitigen muß. Die höheren Offenbarungen, die uns durch große Denker und Lehrer aus dem Altertum übermittelt wurden, sind von jenen gegeben worden, die ausnahmslos ein sehr einfaches und harmonisches Leben führten. Ihr Körper war folglich außerordentlich gesund. Es war kein Zufall, daß bedeutende Offenbarungen der Wahrheit von großen Meistern empfangen wurden. Ihr Organismus hatte die Fähigkeiten entwickelt, die jenen fehlten, deren Leben mehr dem weltlichen Streben gewidmet war. Die Lehre und Lebensweise der Essener brachten diese Fähigkeiten hervor. Sie legten außerdem großen Wert auf die Nahrung, die sie zu sich nahmen und achteten darauf, daß sie möglichst mit dem Naturgesetz harmonisiert, aber genauso sorgfältig waren sie in ihrer Nahrung der Gedanken und Gefühle. Es war ihnen vollkommen klar, daß das menschliche Unterbewußtsein wie eine lichtempfindliche Platte alles aufnimmt, was der einzelne sieht oder hört, und daß es daher erforderlich ist zu vermeiden, daß alle niederen Gedanken, wie jene der Furcht, Angst, Unsicherheit, Haß, Unkenntnis, Egoismus und Unduldsamkeit durch das Tor des Unterbewußtseins hereinkommen.

Ihnen war auch das natürliche Gesetz bekannt, daß zwei Dinge nicht den gleichen Platz zur gleichen Zeit einnehmen können, und daher auch ein Mensch nicht zwei Dinge gleichzeitig denken kann. Wenn also das Bewußtsein mit positiven, harmonischen Gedanken erfüllt ist, so können sich negative und unharmonische Gedanken nicht mehr darin ansammeln. Positive und harmonische Gedanken müssen ins Unterbewußtsein eingeführt werden, um alle niederen Gedanken auszuwechseln, gerade so, wie die Zellen im Körper durch Nahrung, Luft und Wasser ständig erneuert werden müssen, wenn die alten Zellen ausgeschieden werden. Dies war ein Teil der Pflichten, die von den Essenern ausgeführt wurden, um jeden Morgen, Mittag und Abend höhere Gedanken- und Gefühlsströme in das Denk- und Gefühlssystem einzuführen.

Das Unterbewußtsein kann durch eine Diät von guten und harmonischen Gedanken und Gefühlen wiederbelebt werden, wenn sie während des Tages eingehalten wird, besonders aber vor allem in Momenten des Grenzzustandes des Bewußtseins, wenn seine Aufnahmefähigkeit am stärksten ist. Wenn es auf diese Weise erneuert ist, wird es zu einer Quelle der Energie und Harmonie für Körper und Geist. Es wird wie ein Freund aufbauende harmonische Botschaften an jeden Teil des Körpers schicken, die ihn zu wirksamer Arbeit anregen.

Die den Essenern bekannte Tatsache von der Eingebung eines Gedankens oder mehrerer Gedanken ins Unterbewußtsein ist zum Beispiel von den modernen Psychologen wiederentdeckt worden. Es ist bekannt, daß das Unterbewußtsein eines Menschen nicht ohne weiteres vernünftige Anregungen aufnimmt, wenn er im Wachzustand ist. Und wenn er in einem unbewußten Zustand ist, kann er natürlich auch nicht bewußt sein Unterbewußtsein beeinflussen. Doch es gibt Augenblicke, in denen das Bewußtsein nur halb ins Unterbewußtsein eingetaucht ist, Momente, wie sie kurz vor dem Einschlafen oder kurz nach dem Erwachen auftreten, manchmal auch in einem erhöhten Gefühlszustand, wie beim Hören von wunderbarer Musik oder dem Betrachten eines Kunstwerkes. In solchen Augenblicken ist das Unterbewußtsein wesentlich aufnahmefähiger.

Viele Lehren nutzen diese sehr wichtige psychologische Tatsache, sowohl die Lehren der großen Religionen und Übungssysteme des Altertums in Ost und West, als auch die modernen philosophischen und psychologischen Systeme.

Das Unterbewußtsein ist dynamisch, verändert sich ständig, so wie auch die Zellen des Körpers, und es wird dauernd von den Erfahrungen und Eindrücken ernährt, die es vom Bewußtsein bekommt. Diese Erfahrungen enthalten alle Gedanken und Gefühle, die stark genug haften, um einen Eindruck zu hinterlassen. Die traumatischen Erfahrungen der Kindheit sind jene, die mit großer Intensität gefühlt und an das Unterbewußtsein weitergegeben wurden, aber nie von neuen und konstruktiveren Eindrücken ersetzt wurden.

Das Unterbewußtsein wurde als die Totalität der Erfahrungen eines Menschen von der Geburt bis zum gegenwärtigen Augenblick definiert. Jede lebendige neue Erfahrung verändert es; und es kann bewußt verändert werden, wenn ein neuer Eindruck intensiv genug ist. Je stärker der Eindruck, desto länger wird er im Unterbewußtsein bleiben.

Auch bestimmte andere Umstände waren den Essenern bekannt, die darüber entscheiden, ob das Unterbewußtsein einen Gedanken oder ein Gefühl annimmt. Wenn zum Beispiel der wache Geist einen Gedanken als Realität oder Möglichkeit nicht akzeptiert, wird das Unterbewußtsein diesen Gedanken auch ablehnen.

Eine andere Tatsache war die Notwendigkeit, den Gedanken ohne Anstrengung, spontan, ins Unterbewußtsein zu übertragen. Wird eine Anstrengung unternommen, so wird der volle Bewußtseinszustand hervorgerufen, und das Unterbewußtsein bleibt unzugänglich. Spontan und ohne Anstrengung zu handeln, erfordert völlige Entspannung von Körper und Geist. Das war auch ein Teil der Essener Übungen.

Den ersten Schritt zur Entspannung erreichten sie, indem sie einen Muskel nach dem anderen am ganzen Körper entlang lockerten. Der zweite Schritt war die flache Atmung. Das verringert die Sauerstoffzufuhr in die

Lungen und vermindert die Aktivität der Nerven und anderer Teile des Organismus, denn Aktivität und Entspannung können nicht zur gleichen Zeit geschehen. Der dritte Schritt war das Vermeiden von Gedanken. Für den Menschen von heute ist das im allgemeinen nicht einfach. Hilfreich ist es, sich in totaler Dunkelheit und Stille die Dunkelheit des schwarzen Samtes vorzustellen und an nichts anderes zu denken. Mit diesen drei Schritten brachten die Essener eine Art Halb- Bewußtsein hervor, in das ein neuer Gedanke oder ein neues Gefühl leicht ins Unterbewußtsein eingeführt werden konnte.

Der Gedanke, der auf diese Weise eingeführt wurde, sollte rhythmisch genug sein, um den Zustand der Entspannung und das Halb-Bewußtsein zu erhalten. Und er sollte über genügend Kraft verfügen, um ins Unterbewußtsein einzudringen und von ihm als Wirklichkeit vollständig aufgenommen zu werden. Diese Voraussetzungen, um Gedanken und Gefühle bewußt ins Unterbewußtsein zu übertragen, wurde vollkommen in der Ausübung der Essener Kommunion erfüllt.

Es wurde bewiesen, daß es ganz im Ermessen des einzelnen liegt, was er seinem Unterbewußtsein zuführen will, welche Arten von neuen Zellen er hineinbauen möchte. Er kann entweder vom Gesetz abweichen und Sklave seines Unterbewußtseins werden, oder er kann eine aktive Rolle in dessen Wiederbelebung übernehmen.

Das Wissen der Essener über das Bewußtsein war genauso tiefgründig wie ihre Einsicht vom Unterbewußtsein. Ihr Begriff von der Psychologie war so vielseitig, daß sie erkannten, daß die Ziele ihrer Kommunionen nicht allein durch die intellektuelle Entwicklung erreicht werden können, sondern daß auch die Kraft der Sinne dazu notwendig ist. Das Wissen muß eine Empfindung wachrütteln, bevor es in die Tat umgesetzt werden kann.

Fühlen ist nicht einfach nur ein unwillkürlicher Prozeß, wie viele Menschen annehmen. Es ist ein Teil der Aktivität des Willens. Laut Auffassung der Essener beinhaltet oder ist der Wille der Mechanismus dreier Faktoren: Denken, Fühlen und Handeln. Dieses Konzept kann in modernen Begriffen anhand eines Vergleiches mit den Teilen eines Autos illustriert werden: Denken ist das Steuerrad; Fühlen ist der Motor oder die Antriebskraft: die Handlung entspricht den Rädern. Um ein bestimmtes Ziel zu erreichen, das vom Willen bestimmt wird, müssen alle drei Teile zusammenarbeiten. Ist eine Absicht entstanden, ein Wunsch oder ein Gefühl geweckt, findet die Handlung statt.

Der Wille kann dazu genutzt werden, um Gefühle zu erwecken. Wir müssen ihn regelmäßig gebrauchen, um fähig zu werden, ein gewünschtes Gefühl zu erwecken. Dies kann durch Übung entwickelt werden. Eine Technik, die den Essenern bekannt war, ermöglichte es dem einzelnen, seinen Willen in jeder gewünschten Weise zu nutzen.

Den wenigsten ist bekannt, daß ihre Gefühle gemeistert werden können. Das kommt daher, weil sie nicht wissen, wie sie ihre Gedanken und Gefühle verbinden können, um die beabsichte Handlung zu erzielen. Sie mögen zwar das richtige Wissen haben, doch handeln sie im Widerspruch dazu. Einige haben vielleicht das richtige Wissen über die Gesundheit, nehmen aber weiterhin schädliche Nahrung zu sich. Aber ein Gefühl, wie zum Beispiel Furcht vor Schmerz oder Tod, wird sie zur richtigen Handlung bewegen.

Von den drei Kräften, Denken, Handeln und Fühlen, ist das Denken die jüngste Kraft und hat folglich den schwächsten Einfluß auf das menschliche Bewußtsein. Doch der Mensch entwickelt sich, seine Gedankenkraft nimmt zu. Der Gedanke verleiht dem Menschen Würde. Er ist eine Fähigkeit, die seiner persönlichen Beherrschung unterliegt; er kann über alles nachdenken, was er sich wünscht. Er kann seine Gefühle durch die Gedankenkraft beherrschen.

Gefühle haben eine Geschichte von Hunderten von Jahrtausenden und haben daher eine viel stärkere Antriebskraft als das Denken entwickelt. Folgerichtig beherrschen sie, und nicht das Denken, die Handlungen des Menschen. Instinkte beherrschen die Tiere. Aber der Mensch muß lernen, beides zu beherrschen: die Instinkte und die Gefühle, wenn er den Kräften des Rückschritts Einhalt gebieten will. Und das kann er nur mit seinem Willen erreichen.

Nach Meinung der Essener sollte der Mensch seine Gedanken und Gefühle untersuchen um herauszufinden, welche davon ihm die Kraft geben, ein bestimmtes Vorhaben auszuführen, oder solche zu erkennen, die seine Handlungen lähmen.

Wenn er eine gute Tat vollbringt und sie analysiert, so kann er herausfinden, von welchen Gedanken und Gefühlen er geleitet wurde. Er wird dann verstehen, welche Art von Gefühlen und Gedanken er hegen sollte.

Der Mensch wird erkennen, daß seine Handlungen nicht von abstrakten Gedanken oder berechenbaren intellektuellen Vorstellungen in die Wege geleitet werden. Taten werden von Gedanken angetrieben, die Lebenskraft und Überzeugung besitzen und die Gefühle erwecken. Nur dann haben sie genug Kraft, um eine Handlung zu bewirken.

Überzeugung und Lebenskraft werden dem Gedanken durch eine schöpferische Vorstellung gegeben. Gedanken müssen Bilder schaffen, die lebendig sind. Östliche Völker haben sich lange in dieser Kunst geübt, Gedanken lebendig zu gestalten, voll von Bildhaftigkeit und Phantasie. Das ist eine Kunst, die im Westen weitgehend unbeachtet blieb und beinahe vergessen wurde.

Zerstreute, unzusammenhängende Gedanken, die von einer Sache zur anderen wechseln, sind nichts als blasse Geister ohne Leben. Sie sind nicht lebendig, erwecken kein Gefühl und keine Handlung. Sie sind wertlos.

Hinter jeder Handlung steht ein Gefühl. Ein richtiges Gefühl entwickelt notwendigerweise eine richtige Handlung. Richtige Gefühle sind Quellen von Energie,

Harmonie und Glück. Wenn sie nicht Quellen dieser Qualitäten sind, dann sind sie nicht nur wertlos, sondern gefährlich.

Gefühle können in einem von zwei Bereichen liegen: solchen, die Energie entwickeln, und solchen, die sie aussaugen. Mit dieser Analyse kann der Mensch beginnen, seinen Willen zu entwickeln.

Durch die Stärkung aller Gefühle, die Energie erzeugen, und durch die Vermeidung aller Gefühle, die zu ihrer Erschöpfung führen, erkannten die Essener, wie die Willenskraft erlangt werden kann. Die Übung des Willens erfordert Beharrlichkeit und geduldige Bemühung. Dadurch können die höheren Gefühle des einzelnen langsam eine ausgedehnte Schatzkammer voll von Energie und Harmonie aufbauen. Und die niederen Gefühle, die zur Schwäche und zu Gleichgewichtsstörungen führen, werden schließlich ausgelöscht.

Das Gefühl, das die größte Energie erzeugt, ist die Liebe, in all ihren Ausdrucksformen, denn Liebe ist die übergeordnete Quelle alles Existierenden, aller Quellen von Energie, Harmonie und Wissen. In ihrem irdischen Wesen gibt sie alles, was zur Gesundheit nötig ist. Manifestiert sie sich im menschlichen Organismus, gibt sie allen Zellen, Organen und Sinnen eine dynamische Harmonie. Offenbart sie sich im Bewußtsein, so ermöglicht sie dem Menschen, die kosmischen und natürlichen Gesetze zu verstehen, einschließlich der sozialen und kulturellen Gesetze, um sie als Quellen der Harmonie und des Wissens einzusetzen. Der Wille ist der

Schlüssel zur Manifestation dieser größten Energiequelle.

Die drei Feinde des Willens sind Zerstreuung von Energie, Bequemlichkeit und Hedonismus. Diese drei können zu einem weiteren beliebten Feind des Willens werden: der Krankheit. Gute Gesundheit ist der stärkste Freund des Willens. Ein dynamischer, gesunder Mensch befiehlt seinem Willen, und dieser gehorcht; Muskelschmerzen oder Nervenschwäche hingegen lähmen den Willen. Das war einer der Gründe, warum die Essener so viel Wert auf eine gute Gesundheit legten, und ebenso eine richtige Lebens- und Gedankenweise befürworteten.

Die Ausübung der Kommunionen erforderte fortwährende Übung und Anwendung des Willens. Die Essener waren der Meinung, daß jeder bedeutende Wert in der menschlichen Kultur seine Entstehung der Tätigkeit des Willens verdankt. Und daß wahre Werte nur von jenen geschaffen wurden, die von dem Willen Gebrauch machten. Es war ihnen völlig klar, daß der Wille geschult werden muß, und sie berücksichtigten, daß der Schlüssel zu seiner Schulung darin liegt, die Gefühle mittels einer machtvollen schöpferischen Vorstellung zu lenken.

Mit Hilfe ihres Verstehens der psychischen Kräfte lehrten die Kommunionen der Essener den Menschen den Weg zur Freiheit, den Weg der Befreiung aus einer blinden Hinnahme der Zustände, die den physischen Körper betrafen und den Geist. Sie zeigten den Weg einer optimalen Evolution von Körper und Geist.

Und er gab dem Menschen zwei Geister zur Seite,
den Geist der Wahrheit und den Geist der Unwahrheit,
Wahrheit geboren aus der Quelle des Lichts,
und Unwahrheit aus dem Brunnen der Dunkelheit.
Die Führung aller Kinder der Wahrheit
liegt in den Händen des Engels des Lichts,
damit sie auf den Wegen des Lichts wandeln.
Der Geist der Wahrheit und der Geist der Lüge
ringen miteinander im Herzen des Menschen,
mit Weisheit und Dummheit.
Und wenn ein Mensch Wahrheit erwirbt,
so wird er die Dunkelheit meiden.
Segen all jenen, die ihr Los mit dem Gesetz teilen,
die wahrhaftig auf all ihren Wegen gehen.
Das Gesetz segne sie mit allem Guten
und schütze sie vor allem Übel
und erleuchte ihre Herzen
mit dem Einblick in die Dinge des Lebens
und begnade sie mit dem Wissen von den ewigen Dingen.

Aus dem *Übungshandbuch*
der Schriftrollen vom Toten Meer

Kapitel 8
Individuelle Selbsterforschung

Vor Tausenden von Jahren praktizierten die Essener ein System der Psychoanalyse, das bei weitem vielseitiger war als die heutige Psychoanalyse. Es liegt zeitlich zwar länger zurück, hat aber eine allumfassende Qualität, die der modernen Psychoanalyse fehlt.

Dieses System beruht auf einer persönlichen Selbstbeobachtung anhand der Lebensideale der Essener und der eigenen Entwicklung, und kann für den gegenwärtigen Menschen als Maßstab für seinen Grad an Harmonie mit dem Gesetz von großem Wert sein.

Die Essener, die berücksichtigten, daß der Mensch inmitten eines Kräftefeldes lebt, wußten, daß die natürlichen und kosmischen Kräfte, die ihn umgeben und die ihn durchströmen, höhere positive Kräfte sind. Aber sie wußten auch, daß der Mensch durch Mißachtung des Gesetzes im Denken, Fühlen und Handeln, ständig negative, niedere Kräfte erzeugt, inmitten derer er auch lebt. Er steht mit allen diesen Kräften in Verbindung und kann sich nicht von ihnen trennen. Darüber hinaus wirkt er ständig, bewußt oder unbewußt, mit den höheren oder niederen Kräften zusammen. Er kann sich nicht neutral verhalten. In diesem Essener-System, das zur Zeit des Zoroaster zuerst ausgeübt wurde, machte der einzelne wöchentlich eine Selbsterforschung seiner

Gedanken, Worte und Taten. Dieses Abwägen zeigte ihm den Umfang, wie weit er mit den höheren Kräften zusammenarbeitete oder wie weit er von ihnen abwich, und das ergab einen Querschnitt seines Charakters, seiner Fähigkeiten und seines physischen Zustandes, und zeigte so den Grad seiner eigenen Lebensentwicklung an.

Diese Analyse ermöglichte ihm, seine starken und seine schwachen Seiten wahrzunehmen. Indem er ernsthaft und nachdrücklich danach strebte, sein Denken, Fühlen und Handeln ständig zu verbessern, machte er Fortschritte in seiner lebenslangen Arbeit der Selbstvervollkommnung.

Es mag einige Leute geben, die es bei all der modernen Wissenschaft für überflüssig halten, zu einer achttausend Jahre alten Lehre des Altertums zurückzukehren. Aber es ist die Frage, inwieweit es die Entwicklungen der Wissenschaft erreicht haben, das menschliche Glück und Wohlbefinden zu verbessern. Die allgemeine Unsicherheit und Neurose der Gegenwart und die weitgestreuten wirtschaftlichen und sozialen Unruhen geben darauf eine eindeutig negative Antwort. Der Mensch hat sich eine enorme Menge theoretischen Wissens im Rahmen seiner wissenschaftlichen Kultur angeeignet, doch das hat sein Glück oder die Entwicklung seines Selbst nicht vergrößert. Es hat ihm nicht geholfen, ihn mit dem Universum zu verbinden, der kosmischen Ordnung, oder ihm seinen Platz und seine Aufgabe darin zu zeigen.

Ohne dieses Wissen kann der Mensch nicht den Weg

seiner eigenen bestmöglichen Entwicklung gehen oder der des Planeten.

Die Neurose der gegenwärtigen Zeit hat ihre Ursache in den Strömungen menschlicher Abweichungen vom Gesetz der Harmonie mit den natürlichen und kosmischen Kräften. Versucht ein Mensch sein Bestes, um mit ihnen in Harmonie zu leben, so wird er niemals Neurosen entwickeln.

Die Psychologie von heute neigt dazu, nur ein oder zwei dieser Naturkräfte zu betonen. Freud zum Beispiel nahm an, daß die Abweichung vom Gesetz der natürlichen sexuellen Kräfte die Disharmonie des Menschen hervorbrachte. Andere haben sich wieder auf andere Formen der Abweichung konzentriert. Aber das System, das zu Zeiten von Zoroaster ausgeübt wurde, hielt die Harmonie mit allen natürlichen und kosmischen Kräften für notwendig, um die allgemeine Gesundheit und das psychische Gleichgewicht zu erhalten. Seine Überlegenheit über andere Systeme liegt in seiner Vielseitigkeit, die alles umfaßt.

Es zeigt sich, daß der einzelne an seiner Selbstvervollkommnung selbst Tag für Tag arbeiten muß. Die Psychoanalyse dagegen hängt wesentlich vom Analytiker ab, denn die Person, die analysiert wird, übernimmt dabei eher eine passive Rolle. In der Methode aus der Zeit des Zoroaster bleibt das Streben nach Harmonie für den einzelnen eine Lebensaufgabe, die er selbst erfüllen muß, und nicht die Aufgabe von jemand anderem, der sie für ihn in ein paar Jahren oder weniger vollbringt.

Die sechzehn Elemente in diesem System umfassen jeden Gesichtspunkt des menschlichen Lebens. Sie entsprechen in gewissem Grade den vierzehn Kräften, wie sie im Lebensbaum der Essener symbolisiert werden. Es lag weder in der Absicht der Essener, weder zur Zeit Zoroasters noch später, die natürlichen und kosmischen Kräfte in irgendein lebloses oder künstliches Muster aufzuteilen, sondern die Einteilung wurde nur gemacht, um die Kräfte auf eine Art und Weise zu betrachten, die am deutlichsten ihren Wert und Nutzen im menschlichen Leben sichtbar machte.

Vollkommenheit wurde in der Selbsterforschung nicht gefordert. Aber der einzelne war angehalten, sich beständig darum zu bemühen, seine Beziehung zu jeder der sechzehn Kräfte zu verbessern und immer größere Harmonie und Nutzen aus ihren Kräften und Energien zu ziehen. Derjenige, der das macht, wird sich eines aktiven, schöpferischen Lebens erfreuen, das ihm ein Höchstmaß an Glück bringt und anderen dient. Derjenige, der in der Nichtbeachtung des Gesetzes fortfährt, wird das Leben immer weniger interessant und lohnend finden, während Elend und Frustration zunehmend größer werden.

Die Lehren der Essener gaben den Menschen ein klares Wissen von ihrem Platz und ihrer Aufgabe im Universum. Ihre wöchentliche Selbsterforschung ermöglichte es ihnen zu erkennen, wir klar sie die Lehre verstanden hatten, und wie gewissenhaft sie diese ausübten und dem Weg ihrer eigenen Entwicklung folgten.

Von den sechzehn Kräften, die bei der Selbsterforschung angewendet wurden, gehörten acht zu den irdischen und acht zu den kosmischen Kräften. Die irdischen Kräfte waren: Sonne, Wasser, Luft, Nahrung, Mensch, Erde, Gesundheit und Freude.

Die kosmischen Kräfte waren: Kraft, Liebe, Weisheit, der Erhalter, die Schöpfung, ewiges Leben, Arbeit und Friede. Die Selbsterforschung betrachtete jede der Kräfte von drei verschiedenen Seiten:

1. Wird die Kraft oder Energie verstanden?
2. Fühlt der einzelne die Bedeutung der Energie tief und ernsthaft?
3. Wird die Kraft beständig in der bestmöglichen Art und Weise genutzt?

Die Kräfte der Erde

Im folgenden werden Sinn und Anwendung der irdischen Kräfte beschrieben:

1. *Die Sonne* ist eine sehr wichtige Energiequelle, und jeden Tag soll der Kontakt mit ihrer Kraft auf eine Weise hergestellt werden, wie sie der Gesundheit und dem Wohlbefinden des einzelnen am besten dient.

2. *Wasser* ist ein wesentliches Lebenselement. Es soll in der rechten Weise zur Ernährung benutzt werden, und das ganze Jehr hindurch soll jeden Morgen ein Bad genommen werden.

3. *Luft* spielt eine große Rolle für die Gesundheit des Körpers, und so oft wie möglich sollte draußen reine, frische Luft geatmet und die Energien der Atmosphäre für die Gesundheit genutzt werden.

4. *Nahrung* soll von der rechten Art in der rechten Menge zu sich genommen werden, um den Organismus mit einer weiteren Lebenskraft zu versorgen.

5. *Der Mensch* sollte eine Kraft darstellen, die das Recht und die Verantwortung jedes einzelnen gegenüber seiner eigenen Entwicklung verkörpert. Jeder einzelne soll jeden Moment dazu verwenden, in seiner Entwicklung fortzuschreiten, und das ist eine Arbeit, die niemand für ihn tun kann. Er soll seine eigenen Möglichkeiten erkennen und verstehen und den direktesten Weg herausfinden, wie er sie entwickeln und nutzen kann, um der Menschheit zu dienen.

6. *Die Erde* stellt die zwei Aspekte der Zeugungskraft dar, die ein reicheres Leben in Fülle auf dem Planeten schafft. Die eine Kraft erschafft Leben aus dem Boden, läßt Bäume und die ganze Pflanzenwelt wachsen. Die andere drückt sich in den sexuellen Energien des Menschen aus. Der einzelne soll den Pflanzen- und Nahrungsanbau auf die bestmöglichste Weise verstehen und durchführen, und ein harmonisches sexuelles Leben führen.

7. *Gesundheit* hängt von der harmonischen Beziehung des Menschen mit allen Kräften der Erde ab, mit der Sonne, dem Wasser, der Luft, der Nahrung, dem Menschen, der Erde und der Freude. Der einzelne soll sich die Bedeutung von guter Gesundheit für sein eigenes Wohl und für das Wohl anderer vor Augen halten; und er soll alle Wege üben, die seine Gesundheit in Denken, Fühlen und Handeln verbessern.

8. *Freude* ist des Menschen Recht, und so soll er alle täglichen Handlungen mit einem tiefen Gefühl der Freude begehen, auf daß sie ihn durchströme und um ihn herum strahle. Der Mensch soll ihre Bedeutung für sich selbst und andere erkennen.

Dies sind die Naturkräfte, die der Mensch erlernen, verstehen und nutzen soll. Die folgenden acht kosmischen Kräfte sind noch viel wichtiger im Leben des Menschen, denn er kann nicht in vollkommener Harmonie mit den irdischen Kräften leben, bevor er nicht auch die Harmonie mit den himmlischen Kräften erlangt hat.

Die kosmischen Kräfte

1. *Kraft* findet ihren Ausdruck beständig in den Handlungen und Taten des Menschen, die beide ein Ergebnis seines Zusammenwirkens mit allen anderen Mächten und Kräften sind, im Einklang mit dem eisernen Gesetz

von Ursache und Wirkung. Der einzelne soll die Bedeutung guter Taten verstehen, und er soll wahrnehmen, daß seine Persönlichkeit, seine Situation und Umgebung im Leben das Ergebnis vergangener Taten sind, und seine Zukunft wird genauso sein, wie sie durch seine jetzigen Handlungen angelegt wird. Er ist daher stets dazu angehalten, jederzeit danach zu streben, gute Taten auszuführen, die Harmonie mit den Gesetzen der Natur und des Kosmos ausdrücken.

2. *Liebe* findet ihren Ausdruck in liebevollen und freundlichen Worten gegenüber anderen, die die eigene Gesundheit und das eigene Glück sowie das der anderen beeinflussen. Tiefe Liebe gegenüber allen Wesen soll in harmonischen Gefühlen und Worten zum Ausdruck gebracht werden.

3. *Weisheit* findet Gestalt in Form von guten Gedanken, und es ist des Menschen Vorrecht, sein Wissen und Verständnis in jeder nur möglichen Art und Weise zu erweitern, so daß er nur noch gute Gedanken denkt. Er soll danach streben, in Weisheit zu wachsen, um immer mehr die kosmische Ordnung und seine eigene Aufgabe darin zu verstehen. Nur indem er einen Grad von Weisheit erlangt, kann der einzelne erlernen, nur gute Gedanken in seinem Bewußtsein zu halten und sich weigern, auf negative, zerstörende Gedanken über irgendeine Person, Ort, Umstand oder Sache einzugehen.

4. *Die Erhaltung* von Werten hängt von der Kraft ab, alles zu erhalten, was nützlich und von wahrem Wert ist, ob es nun ein Baum, eine Pflanze, ein Haus, eine Beziehung zwischen Menschen oder Harmonie in irgendeiner Form ist. Wenn jemand zerstört, oder eine gute Sache verkommen, vergeuden oder beschädigen läßt, in der materiellen wie in der geistigen Welt, so arbeitet er mit den negativen, zerstörenden Kräften zusammen. Jede Gelegenheit muß genutzt werden, um Schaden an allem, was von Wert ist, zu vermeiden.

5. *Die Schöpfung* kennzeichnet die Notwendigkeit für den Menschen, seine schöpferischen Kräfte zu nutzen, denn seine Aufgabe auf diesem Planeten liegt darin, die Arbeit seines Schöpfers fortzusetzen. Er soll deshalb versuchen, etwas Eigenes und Schöpferisches zu tun, etwas Neues und Ungewöhnliches, so oft er kann, ob es nun eine Erfindung irgendeiner Art ist, eine künstlerische Arbeit, oder irgendetwas, das anderen zugute kommt.

6. *Das ewige Leben* hängt ab von der Aufrichtigkeit des Menschen mit sich selbst und anderen gegenüber, in allem, was er tut, und mit allen, die er trifft. Er soll vollkommen aufrichtig dabei sein, wenn er seine Beziehung, sein Verständnis und den Nutzen von all den Kräften der Natur und des Kosmos erforscht, und er soll jede Anstrengung unternehmen, um sich selbst aufrichtig zu erforschen, wo er gegenwärtig ist, ohne die Dinge, die er sagt oder denkt, zu rationalisieren oder zu rechtfertigen.

7. *Arbeit* ist die Voraussetzung vieler anderer Werte. Das bedeutet für den einzelnen die Erfüllung der täglichen Pflichten mit Sorgfalt und Wirksamkeit. Das ist der Beitrag des einzelnen zur Gesellschaft und eine Voraussetzung des Glücks für alle. Denn wenn jemand seine Arbeit nicht sorgfältig ausführt, so müssen das andere tun. Der Mensch soll ein tiefes Gefühl der Zufriedenheit in seiner Arbeit erlernen, so daß er der Gesellschaft all das zurückgibt, was er von ihr erhält.

8. *Friede* soll von jedem einzelnen geschaffen und erhalten werden, in ihm und in seiner Umgebung, so daß er zum Werkzeug wird, das dabei hilft, Disharmonie, Feindschaft und Kriege zu verhindern, denn die Bedingungen der ganzen Menschheit hängen von dem Zustand ihrer Atome ab, von den einzelnen, aus denen die Menschheit besteht. Der einzelne soll tief die Notwendigkeit für diesen inneren Frieden empfinden und alles dazu beitragen, um den Frieden aufzubauen und ihn zu erhalten, wo immer er sich befindet.

Derjenige, der sich entsprechend diese sechzehn Lebenselemente erforscht, wird klar erkennen, worin seine Entwicklung verbessert werden kann, und wie er noch mehr zur Entwicklung der Menschheit beitragen kann.

Indem er so handelt, wird er sich weiter auf sein letztendliches Ziel hinbewegen, das Ziel, dem die ganze Menschheit entgegenstrebt, der Vereinigung mit dem Himmlischen Vater.

Ich habe die innere Vision erlangt,
und durch Deinen Geist in mir
habe ich von Deinem wunderbaren Geheimnis erfahren.
Durch Deinen mystischen Einblick
hast Du in mir eine Quelle des Wissens geschaffen,
die aus mir hervorquillt,
einen Springbrunnen der Kraft,
der lebensspendendes Wasser fließen läßt,
eine Flut voll Liebe
und allumfassender Weisheit
wie das Strahlen des ewigen Lichts.

Aus dem *Buch der Hymnen*
der Schriftrollen vom Toten Meer

Some Books in English by EDMOND BORDEAUX SZEKELY

THE ECOLOGICAL HEALTH GARDEN, THE BOOK OF SURVIVAL.	5.95
THE DIALECTICAL METHOD OF THINKING. Key to Solution of All Problems.	3.50
THE EVOLUTION OF HUMAN THOUGHT. 87 Great Philosophers, 38 Schools.	2.95
MAN IN THE COSMIC OCEAN. Where No One Has Ever Gone.	4.50
THE SOUL OF ANCIENT MEXICO. Hundreds of Ancient Pictographs.	7.50
THE NEW FIRE. Renewal of Life in a Precolumbian Spiritual Rhapsody.	5.95
DEATH OF THE NEW WORLD. Children of Paradise. 200 Illustrations.	5.95
ANCIENT AMERICA: PARADISE LOST. Pictorial Encyclopedia of a Lost World.	5.95
MESSENGERS FROM ANCIENT CIVILIZATIONS. Ancient Migrations.	3.50
SEXUAL HARMONY, THE NEW EUGENICS.	3.50
LUDWIG VAN BEETHOVEN, PROMETHEUS OF THE MODERN WORLD.	2.95
BOOKS, OUR ETERNAL COMPANIONS. Culture, Freedom, Tolerance.	3.50
THE FIERY CHARIOTS. The Mysterious Brotherhood of the Dead Sea.	5.95
CREATIVE WORK: KARMA YOGA. Ancient, Mystic Role of Creative Work.	3.50
THE ART OF STUDY: THE SORBONNE METHOD. The Joy of Learning.	3.50
COSMOS, MAN AND SOCIETY. Guide to Meaningful Living in the 20th Century.	6.80
I CAME BACK TOMORROW. 20th Century Nightmare and the Essene Dream.	3.50
BROTHER TREE. Charming Ecological Parable for Children of All Ages.	3.50
THE BOOK OF LIVING FOODS. A Gastro Archeological Banquet.	3.50
SCIENTIFIC VEGETARIANISM. Nutritional, Economical, Spiritual Guide.	3.50
THE CONQUEST OF DEATH. Longevity Explored. The Dream of Immortality.	3.50
HEALING WATERS. Fifty European Spa Treatments at Home.	3.50
THE TREASURY OF RAW FOODS. Menus, Meals, Recipes.	3.50
BOOK OF HERBS, BOOK OF VITAMINS, BOOK OF MINERALS. Each Volume:	3.50

Write for Free Complete Descriptive Catalogue
to our Forwarding Address:
I.B.S. Internacional, Box 849, Nelson, B.C., Canada V1L 6A5

Book orders must be prepaid. Check or Money Order in U.S. currency only should be made out to IBS INTERNACIONAL. Add 15% for postage & handling (minimum $2.00).

Weitere Schriften von Edmond Bordeaux Székely

Das Friedensevangelium der Essener – Schriften der Essener, Band 1
Das erste Buch der Essener-Schriften, das Friedensevangelium, offenbart, daß Jesus, der Essener, die Wirkung der Kräfte der Natur zur Heilung des Menschen kannte. Der Übersetzer dieser Dokumente fand sie in den Geheimarchiven des Vatikans. Seit ihrer ersten Veröffentlichung im Jahre 1933 sind diese Schriften für Millionen von Menschen in aller Welt zu der Grundlage einer neuen Lebensphilosophie geworden.
ISBN 3-906983-03-X

Die unbekannten Schriften der Essener – Schriften der Essener, Band 2
Dieses bedeutende vor- und außerbiblische Evangelium der Essener-Bruderschaft vom Toten Meer enthält die Überlieferungen der esoterischen Lehren von Moses, die ursprüngliche Fassung der Bergpredigt, die Offenbarungen des Johannes und das Johannes-Evangelium in seiner Urfassung. Diese Texte sowie die Überlieferungen des Begründers der Essener-Bruderschaft werfen nicht nur ein neues Licht auf die im Neuen Testament zu findenden Gleichnisse von Jesus Christus, sondern laden zu einer besonderen Art der Kontemplation und Annahme der Kräfte der Natur ein.
ISBN 3-906983-04-8

Die verlorenen Schriftrollen der Essener – Schriften der Essener, Band 3
Das dritte Buch der Essener mit seinen Meditationen, Kontemplationen, Prophezeiungen und Hymnen an die Engel, die aus der lange verborgenen, weisen Bibliothek der Essener-Bruderschaft stammen, vermitteln bedeutende Einblicke in das Wesen der geistigen Welt.
ISBN 3-906983-05-6

Das geheime Evangelium der Essener – Schriften der Essener, Band 4
In diesen einzigartigen Texten aus dem geheimen Archiv des Vatikans und den Bibliotheken der Benediktiner, die Dr. Székely der Welt zugänglich gemacht hat, sprechen Jesus und andere Meister über die Geheimnisse der Engel, des Lichts, der Klänge und einer das ganze Leben währenden Gesundheit, die aus dem Einklang mit den «Kräften des Himmels und der Erde» bewirkt werden kann.
Im zweiten Teil des Buches beschreibt Dr. Székely die Herkunft und Bedeutung der Essener-Texte, die die Grundlage des Christentums sind und jeden Suchenden zu den Wurzeln dieses Glaubens führen können.
ISBN 3-906983-06-4